NYMPHENBURG

SCHLOSS, PARK UND BURGEN

AMTLICHER FÜHRER

bearbei
von
GERHARD HOJER
und
ELMAR D. SCHMID

Ergänzungen von
RAINER SCHUSTER

1999

Bayerische Verwaltung der staatlichen Schlösser,
Gärten und Seen, München

Der vorliegende Amtliche Führer geht auf die Ausgabe von 1997 zurück, wurde jedoch völlig neu gestaltet.
Die Texte wurden von Rainer Schuster partiell ergänzt, wobei Angaben von Ernst Götz und Werner Rescher berücksichtigt sind.
Text- und Bildredaktion sowie Lektorat: Elmar D. Schmid.
Den Übersichtsplan zeichnete Norbert Nordmann.

Abbildungen: Helicolor: S. 105 – W.-Chr. v. d. Mülbe: S. 27, 29. – E. D. Schmid: S. 54, 57, 58, 60, 61, 69, 90, 97, 108, 109. – K. v. Zabuesnig: S. 106, 110. Alle übrigen Bayerische Schlösserverwaltung.

Titelbild: Gartenseite von Schloß Nymphenburg mit dem Hauptkanal

22. neu gestaltete Auflage

Gestaltung, Typografie + Satz: Frese, München
Lithographie: ReproLine, München
Druck: Rother-Druck München
ISBN 3-932982-16-9
Printed in Germany

INHALT

Schloß Nymphenburg *M. Wening, 1701*

GESCHICHTE UND BAUGESCHICHTE

Das etwa zwei Wegstunden westlich der Residenzstadt München gelegene Schloß Nymphenburg diente den bayerischen Herrschern als bevorzugte Sommerresidenz. Die Eigenart der Schloßanlage besteht im wohldurchdachten Aneinanderfügen einzelner kubisch geschlossener Pavillonbauten, die sich um einen – ebenfalls kubisch geformten – zentralen Hauptpavillon sammeln. In Richtung Stadt fassen flankierende Gebäudetrakte und der halbkreisförmige Abschluß des Rondells einen Ehrenhof von weiträumigen Abmessungen ein, während sich in entgegengesetzter Richtung ein Park von gewaltiger Ausdehnung erstreckt.

Die gesamte Anlage entstand nicht in einem Zug. Von der Grundsteinlegung an, die 1664 erfolgte, wurde bis ins 19. Jahrhundert geplant, gebaut und umgestaltet. Fünf Herrscher aus dem Hause Wittelsbach waren an der Entstehung Nymphenburgs beteiligt: die Kurfürsten Ferdinand Maria, Max Emanuel, Karl Albrecht, Max III. Joseph und Max IV. Joseph, der 1806 König wurde.

NYMPHENBURG UNTER FERDINAND MARIA UND HENRIETTE ADELAIDE VON SAVOYEN, 1663–1679

Initiator des Schloßbaues war Kurfürst Ferdinand Maria (reg. 1651–1679), der seiner Gemahlin Henriette Adelaide von Savoyen die am 1.7.1663 für 10.000 fl. erworbene Schwaige Kemnat schenkte. Anlaß der Schenkung war die Geburt des Kurprinzen Max Emanuel ein Jahr zuvor. Wenige Tage später schon berichtete die Kurfürstin an ihre Mutter in Turin, sie wolle in »Kemmertin« bauen lassen; Pläne des Turiner Architekten Amadeus Castellamonte verwarf sie als zu bescheiden und entschied sich für Entwürfe des Oberitalieners Agostino Barelli, des Erbauers der Münchner Theatinerkirche, die ebenfalls anläßlich der Geburt des Kurprinzen errichtet worden war. 1664 wurde der

Grund für das Schloß ausgehoben, 1675 war der Bau schließlich unter Dach. Ein Stich von Michael Wening aus dem Jahre 1701 (S. 4) zeigt die Außenansicht des Schlosses, das den Charakter der in Italien verbreiteten »villa suburbana« hat: ein kubischer Block, dessen fünf Geschosse durch Gurtgesimse getrennt sind. Zum Mittelportal gelangt man über eine doppelläufige Freitreppe mit symmetrischer Führung, die 1675 mit der wahrscheinlich gleichartigen Treppe auf der Gartenseite errichtet worden war.

Für das Jahr 1673 ist eine rege Bautätigkeit zu verzeichnen, die unter Henrico Zuccalli, dem man nach dem Ausscheiden Barellis zusammen mit der Theatinerkirche auch den Nymphenburger Schloßbau übertragen hatte, anhielt. Erst dieser Architekt versah den Mittelsaal mit einem mächtigen Steingewölbe. Die bereits als altmodisch empfundenen Dachaufbauten wurden wieder abgebrochen.

Die Aufteilung des Inneren entsprach im wesentlichen der von heute. Einer Raumflucht von je vier Gemächern für den Kurfürsten lag eine Raumflucht für die Kurfürstin gegenüber. Mitte der Anlage war der »Große« oder »Steinerne Saal«, dessen Grundfläche bereits der heutigen entsprach. Gegen Westen war er jedoch durch eine Wand von dem anschließenden kleineren Saal getrennt. Der »Große Saal« besaß zunächst glatte, ungegliederte Wände, vor denen als Schmuck prächtige Stuckmarmorportale saßen.

Als die Kurfürstin 1676 starb, gerieten die Arbeiten am Nymphenburger Schloßbau ins Stocken, obgleich Kurfürst Ferdinand Maria anordnete, »den zu Nymphenburg angefangenen Bau fortzusetzen und auszumachen.« Ende 1675 hatte der Stukkator Andreas Römer mit der Stuckierung der Räume begonnen. 1676 legte er einen Kostenvoranschlag für die »Vergoldung der teils verfertigten und teils angefangenen« Decken vor.

Für die Felder der Decken führten die Italiener Antonio Domenico Triva, Antonio Zanchi, Stefano Catani sowie der Schweizer Joseph Werner figürliche Gemälde aus, von denen jedoch zunächst nicht alle eingebaut wurden.

Zusammen mit dem Schloßbau wurde auf der Westseite ein Garten angelegt, über dessen Gestalt der Stich Wenings (S. 4) Auskunft gibt: Um ein großes Wasserbassin in der Mitte gruppieren sich vier kleinere

Bassins, die untereinander durch strahlenförmig angelegte Wege verbunden sind. Eine halbkreisförmige Mauer mit Statuennischen schließt den Garten rückwärts gegen das freie Gelände ab. In diesem Abschluß scheint das Motiv des halbkreisförmigen Schloßrondells vorgegeben zu sein, das später auf der entgegengesetzten Seite entstand. Als Anregung für die erste Nymphenburger Gartenanlage ist das rückwärtige Gartenparterre des Jagdschlosses Venaria Reale bei Turin zu nennen, das sich Karl Emanuel II., Adelaidens Bruder, errichten ließ.

MAX EMANUEL UND NYMPHENBURG, 1679–1726

Nach dem Tod Ferdinand Marias gelangte 1679 sein Sohn Max Emanuel an die Herrschaft. Die Türkenkriege, an denen er als »Blauer Kurfürst« entscheidend beteiligt war, sowie die 1692 angetretene Statthalterschaft über die Spanischen Niederlande hielten ihn jedoch lange Zeit von München fern.

Erste Bauphase unter Max Emanuel

Nach der Rückkehr aus den Niederlanden trat Nymphenburg 1701 wieder in den Interessenkreis Max Emanuels. Der Kurfürst beschloß, das Landhaus seiner Mutter zu einer mächtigen Anlage erweitern zu lassen. Entwerfender Architekt der Bauphase seit 1701 war Henrico Zuccalli aus Roveredo im südlichen Graubünden, der sich bei den Schloßbauten in Lustheim und Schleißheim sowie bei der Vollendung der Münchner Theatinerkirche bereits bewährt hatte. Die Bauführung lag in Händen seines Konkurrenten Antonio Viscardi, der 1702 Hofbaumeister wurde.

Zunächst ließ Zuccalli zwei unvollendete, den Mittelbau seitlich flankierende Pavillons abbrechen. Danach fügte er auf Veranlassung Max Emanuels dem kubischen Block des vorhandenen Hauptgebäudes zu beiden Seiten zwei ähnlich geartete Wohnbauten an und verband diese durch Galeriebauten mit dem Mittelpavillon. Damals entstand also die für alle weiteren Anbauten bestimmende Konzeption der lockeren Fügung von Baukörpern und der Durchlässigkeit gegen den Park hin, die Nymphenburg als Parkschloß von kompakten Palästen wie Versailles grundsätzlich unterscheidet. Nicht nur die Galeriebauten

Kurfürst Max Emanuel nach der Schlacht von Harsan
Joseph Vivien (Atelier), Paris um 1710

sind durchlässige Membrane zwischen Stadtseite und Park, auch die Passage im Sockelgeschoß des Mittelbaus ist damals als Durchfahrt ausgebildet worden.

Entgegen der bisherigen Meinung ist der Grundriß der Nymphenburger Anlage nicht französischer, sondern eher niederländischer Herkunft. Vorbild für Nymphenburg sind die Pläne für Schloß Rijkswijk bei Den Haag (1697 vollendet) und Schloß Het Loo (1685–1687) mit seinen gestaffelten kubischen Pavillons. Während seiner Statthalterschaft hatte Max Emanuel die niederländische Architektur schätzen gelernt und sich sowohl für Parkanlagen (Schleißheim) wie für die Schloßbaukunst Ideen des dort führenden Architekten Daniel Marot angeeignet. Sein Hofbaumeister Henrico Zuccalli hatte mehrmals persönliche Weisungen des Kurfürsten in den Niederlanden in Empfang genommen, um sie in München in die Tat umzusetzen.

Bei der Erweiterung der Schloßanlage wurde auch der Hauptpavillon in die Baumaßnahmen einbezogen. Zuccalli ließ sowohl auf der Stadt- als auch auf der Parkseite übereinander zwei Reihen riesiger Rundbogenfenster ausbrechen und erreichte hiermit eine kaum zu überbietende Transparenz des ursprünglich geschlossenen und kleinteilig gegliederten Gebäudes. Dieses Fenstermotiv wurde von Zuccalli ähnlich am Neuen Schloß in Schleißheim verwendet und kommt bei ihm erstmals 1693 an der Fassade der Universität Ingolstadt vor.

Die Fassade des Mittelbaus war damals durch Lisenen gegliedert, die von einem Gesims über den oberen Rundbogenfenstern durchschnitten wurden. Daran erinnert heute noch die Stadtfront des Schlosses, deren Kolossalpilaster nur bis zu diesem Gurtgesims reichen.

Gleichzeitig mit den Arbeiten am Äußeren wurde der »Steinerne Saal« des Mittelpavillons auch im Inneren umgebaut. Man durchbrach im ersten und zweiten Obergeschoß die Wand gegen Westen und führte so auch von dieser Seite her Licht in den Raum. Die beiden übereinanderliegenden Säle in Richtung Garten wurden mit dem »Großen Saal« durch eine Doppelreihe von Arkaden verbunden. Die Stuckmarmorportale blieben erhalten. Ferner erhielt der große Raum, der damals schon – einschließlich der querovalen Fenster – die heutige Höhe hatte, eine Gliederung durch Kolossalpilaster und das jetzige

Konsolgesims. Hierdurch und aufgrund der doppelreihigen Rundbogenöffnungen war er mit dem großen Saal im Neuen Schloß Schleißheim zu vergleichen.

Die Ausgestaltung des »Großen Saales« begann im September 1701. Vom 7. bis 12. Oktober haben die Maurer »für die maller verbuzt und verschwaist«. Um den 15. Oktober wurde mit dem Zimmermann wegen der »verfertigung eines dreyfachnen grists für die maller in den großen saal zu Nymphenburg« abgerechnet. Die Ausmalung des Saales übernahm Johann Anton Gumpp in den Jahren 1701 bis 1703. Entsprechend der Bestimmung als Jagd- und Sommerschloß wählte man für die Decke Darstellungen aus der Diana-Mythologie. Ähnlich wie in Schloß Lustheim, bei dessen Ausmalung Gumpp ebenfalls beteiligt war, schilderte das Mittelbild die Verleihung des Jagdprivilegs an Diana durch Jupiter. Vier begleitende Darstellungen zeigten die Göttin im Kreise ihrer Nymphen als Jägerin. In Zusammenhang mit dem Jagdwesen erhielten die Ecken Ovalbilder mit Ganymed, Orion, Castor und Bellerophon. Die Saalwände boten Platz für neun große »von den gesimbß an schier biß auf den boden« reichende Gemälde aus dem Leben der Jagdgöttin Diana. 1726 scheinen diese Darstellungen durch Gemälde auf Leder, gemalt von den Brüdern Valeriani in Venedig, ersetzt worden zu sein. Diese hatte Max Emanuel für den »Großen Saal« in Nymphenburg bestellt.

Das Bildprogramm des »Großen Saales«, das zum Teil seltene Darstellungen aus dem Leben der Diana enthielt, ging höchstwahrscheinlich – ähnlich wie im Jagdschloß Lustheim bei Schleißheim – auf den Turiner Hofhumanisten Emanuele Tesauro zurück. Dieser hatte schon für Venaria Reale, das Jagdschloß der Eltern Adelaides bei Turin, einen reichhaltigen Zyklus aus der Dianamythologie zusammengestellt.

In der Zeit von 1701 bis 1703 wurden auch die kurfürstlichen Appartements im Hauptgebäude von Schloß Nymphenburg umgestaltet. Nach einem Bericht Henrico Zuccallis waren seit dem 19. April 1701 Handwerker und Stukkatoren in den Appartements neben dem »Großen Saal« am Werk. Am 2. November 1701 wurden fünf »gehengte döggen [Decken] von besagter schwaig [Schloßschwaige] in das Schloß hinybergebracht und zusammengericht«. Hierbei handelt es

Schloß Nymphenburg, Stadtseite *M. de Geer, um 1730*

sich wohl um die ca. 1675 gemalten Leinwandbilder von Triva, Zanchi, Catani und Werner, die entweder nach dem Tod Ferdinand Marias (1679) in der Schwaige eingelagert oder aber wegen der Umbauarbeiten im Schloß ausgelagert worden waren. Diese Gemälde mit Darstellungen antiker Götter befinden sich heute noch in den Appartements zu beiden Seiten des »Steinernen Saales«. An einer Stelle haben sich aus dieser Zeit auch Stukkaturen erhalten, für deren Ausführung nach den Baurechnungen Pietro F. A. Appiani aus Porta bei Mailand in Betracht zu ziehen ist.

Durch den Ausbruch des Spanischen Erbfolgekrieges 1704 wurde der Ausbau Nymphenburgs verzögert. Erst als Max Emanuel nach dem am 7. März 1714 geschlossenen Rastatter Frieden aus dem Exil zurückkehrte, konnte die Bautätigkeit wieder in vollem Umfang aufgenommen werden.

Zweite Bauphase unter Max Emanuel

Der weitere Ausbau des Schlosses lag in Händen von Joseph Effner. Effner war der Sohn eines Dachauer Hofgärtners und wurde, nach seiner Ausbildung in Paris, 1714 Leiter des Nymphenburger Bauwesens. 1715 erfolgte die Berufung zum kurfürstlichen Hofbaumeister, und 1724 wurde er – nach dem Tode Zuccallis – kurfürstlicher Oberhofbaumeister.

Am Hauptpavillon wandelte Effner seit 1714 die Lisenen in Pilaster um, wobei er sie auf der Gartenseite verstärkte und als Kolossalpilaster bis zum Traufgesims hochführte. Damals wurden auch die bisher vier Fensterachsen zu Seiten der großen Bögen am Mittelbau auf drei zusammengezogen, so wie sie erstmals auf Franz Joachim Beichs Schloßansicht in der nördlichen Galerie des Schlosses 1723 erscheinen. Die ältere Fensterverteilung trat bei der Abnahme des Fassadenputzes 1971 am Bau zutage. 1726 wurde Charles Dubut für die Stuckreliefs der Fensterbekrönungen bezahlt. Der Mittelbau erhielt große Dreiecksgiebel (1826 entfernt) über den drei zentralen Achsen. Effner gab den Schloßfassaden also die endgültige Form.

Joseph Effner plante auch die rechteckigen Höfe zu beiden Seiten der Schloßanlage, die zunächst noch isoliert vom Hauptschloß gedacht waren. Im Süden lagen die Hofstallungen mit Kavalierswohnungen.

(Hier ist jetzt das Marstallmuseum untergebracht, vgl. Amtl. Führer Marstallmuseum). Die einzelnen Bauteile entstanden teils 1719, teils seit 1733 bzw. 1747. An den Portalbögen in der Durchfahrt Schlußsteine mit der Bezeichnung »CA 1740«. Ausgeführt wurde der Bau von Joseph Effner, Johann Gunezrhainer und François Cuvilliés d. Ä. Als Pendant wurde im Norden das Orangeriegebäude erstellt, dessen Eckrisalit, der sog. Johannes-Turm, schon 1716 stand. Vollendet wurde die Orangerie jedoch erst 1755/57.

Die langgestreckten Fassaden mit separat überdachten Mittel- und Eckpavillons, die gleichförmige Reihe von Blendarkaden im Erdgeschoß und Stichbogenfenstern im Obergeschoß charakterisieren die Bauten als Vertreter der damals »modernen« französischen Architektur, die Effner anläßlich seines Pariser Studienaufenthaltes studieren konnte (Hôtel des Invalides), als der führende Architekt des französischen Hofes, Germain Boffrand, sein Lehrmeister war. Damals lernte Effner auch die neue Dekorationsform der Régence (im Bayerischen »Bandelwerkstil« genannt) kennen. Er verwirklichte sie erstmals im nördlichen Vorzimmer des Nymphenburger Hauptgebäudes, das der Hofkistler Johann Adam Pichler um 1720 vertäfelte. Im Reichtum des eleganten Band- und Gitterwerks, das mit Siegestrophäen und Sinnbildern der Künste durchsetzt ist, legte Effner den Grund für die Raumkunst des späteren Rokoko, die unter dem Einfluß François Cuvilliés d. Ä. in den 30er Jahren des 18. Jahrhunderts in München emporwuchs und ihre Blüte im bayerischen Rokoko der 50er und 60er Jahre erreichte. Unter den Hofwerkstätten Max Emanuels seien vor allem genannt die Hofbildhauerei mit Guillaume de Groff aus Antwerpen, dem Pariser Bildhauer Charles Dubut, dem Italiener Giuseppe Volpini u.a. An der Spitze der Hofkistlerei stand der in Paris ausgebildete Kistler, Zieratenschnitzer und Vergolder Johann Adam Pichler.

Als Maler waren damals für Nymphenburg tätig der vielbeschäftigte Italiener Jacopo Amigoni, der Tiroler Johann Anton Gumpp und in seiner Nachfolge Nikolaus Gottfried Stuber, ferner Franz Joachim Beich aus Ravensburg und die Franzosen Joseph Vivien, Nicolas Bertin und François Roettier.

Schloß Nymphenburg, Gartenseite *M. de Geer, um 1730*

In den letzten Lebensjahren Max Emanuels 1723 und 1724 wurden anstelle vormals geplanter erdgeschossiger Arkadengalerien zwischen Hauptschloß und Marstall bzw. Orangerie zweigeschossige Verbindungsbauten errichtet, das »Comedihaus« im Süden (später Umbau zum Küchengebäude) und ein Gebäude für Paßspiel und Billard im Norden. Die Verbindungsgalerien über die Kanäle hinweg sind noch später entstanden, 1739 der sogenannte nördliche Wassergang; der südliche Gang erst unter Gunezrhainer, der seit 1745 das Bauwesen leitete. Effner war auch der Architekt der drei Gartenbauten, die Max Emanuel in Nymphenburg errichten ließ: In der nördlichen Hälfte des Schloßparks die gemäß der Chinoiseriemode ausgestattete Pagodenburg (1716–19). Ihr gegenüber, im südlichen Teil der Gartenanlage, entstand die Badenburg (1719–21), das seltene Beispiel eines Badeschlößchens aus dem frühen 18. Jahrhundert. Im letzten Lebensjahr Max Emanuels begann Effner 1725 eine Eremitage, die Magdalenenklause, in die sich der alternde Kurfürst zu besinnlicher Einkehr und zu frommen Betrachtungen zurückziehen wollte. Der Kurfürst erlebte jedoch die Vollendung des Bauwerks nicht mehr.

NYMPHENBURG UNTER KARL ALBRECHT, 1726–1745

Unter Kurfürst Karl Albrecht (seit 1742 als Karl VII. Kaiser des Heiligen Römischen Reiches Deutscher Nation) entstand der sicher noch von Effner entworfene Plan für die »Carlstadt«, dessen Vorbild das ähnlich konzipierte Karlsruhe gewesen sein dürfte: Das Schloß steht im Zentrum eines halbkreisförmigen Rondells, von dem aus sich die – in Nymphenburg nie ausgeführte – Stadtanlage radial entwickelt. 1728 wurde der erste Rondellbau im Süden (für Hofkontrolleur Hieber) errichtet, 1758 der letzte Pavillon auf der Nordseite, der 1761 die (von Max III. Joseph 1747 in Neudeck in der Au gegründete) Porzellanmanufaktur aufnahm. Der weite Ehrenhof gegen die Stadt hin sollte schon vor dem Projekt »Carlstadt« in Art eines Parks durch Kanäle, Bassins, Grünflächen und eine Fontäne gestaltet werden. Ein cour d'honneur als Garten: diese Idee des Gärtnersohnes Joseph Effner und Dominique Girards war ohne Vorbild. Die Idee weiterverfolgend, faßt das Rondell mit den an niedrigen Mauern gleichsam aufgefädelten zweigeschossigen Pavillons den Garten ein und bindet zugleich die Endpunkte des weitläufigen Schloßkomplexes zusammen. Den Eindruck, den der Nymphenburger Ehrenhof auf die Zeitgenossen gemacht hatte, faßte der St. Gallener Stiftsbibliothekar P. Johannes Nepomuk Hauntinger 1784 in folgende Worte:

»Der Anblick der Gebäude an diesem Orte ist außerordentlich prächtig; alle zusammengenommen gestalten ein ganz reguläres Amphitheater, welches ganz ausnehmend schön. In der Mitte dieses Amphitheaters herrscht der herrliche Palast weit über die anderen Gebäude hinaus, zu welchem man durch eine prachtvolle marmorne, mit Balustraden, Vasen und Löwen verzierte Stiege von zwei Seiten hinkommen kann. Um diesen Mittelpunkt ziehen sich auf beiden Seiten in Form eines Halbzirkels verschiedene Gebäude hin, welche man alle auf einmal zu Gesicht bekommt, und welche einander mit einer vollkommenen Symmetrie entsprechen.«

Der Plan zur Errichtung einer »Carlstadt« umfaßte jedoch nicht nur das Schloßrondell selbst im Sinne einer Erweiterung der Schloßanlage, sondern auch eine anzulegende Siedlung entlang der Auffahrtsalleen zu beiden Seiten des Schloßkanals. Es sollten hier Handwerker und Gewerbetreibende angesiedelt werden. Diesen bewilligte man Hofschutz für ihren Handel, Handwerksgerechtigkeiten und mehrere Jahre Steuerbefreiung. Bedingung dafür war allerdings, daß sie auf eigene Kosten nach vorgegebenen Richtlinien ihrer Häuser erbauen und Gärten anlegen sollten. Auch Künstler sollten in der neuen Siedlung ansässig gemacht werden: zu den bedeutendsten Vertretern seines Standes, der ein Haus in der Carlstadt bezog, zählte der Hofkistler Johann Adam Pichler, der oft für Arbeiten in der Münchner Residenz und in Schloß Nymphenburg herangezogen wurde. Die Ansiedlungen hörten jedoch schon in den 40er Jahren des 18. Jahrhunderts auf, und wenige Jahrzehnte später war von diesem städtebaulichen Projekt keine Rede mehr.

Bemerkenswert waren auch die um den großen Hof gruppierten Stallungen im südlichen Rechteckbau durch ihre Ausdehnung. Nachdem wohl spätestens mit dem Tod Max Emanuels der massive Westtrakt aufgegeben worden war (der heutige Verwaltungstrakt der Schlösserverwaltung stammt von 1986/89), wechselten Projekte mit mehr oder weniger offener Westseite, die den Park in den Hof hineinwirken lassen sollten. So zeigt es etwa eine Zeichnung des »Hof-Ingenieurs« Johann Adam Zisla: Der erste Hof erhielt gegen den Garten durch Gitterwerk auf gekurvtem Umriß eine abgeschlossene Manege. Den Übergang zum Schloßpark sollte ein fünfachsiger, flach gedeckter Pavillon bilden, der nach der Legende auf der Zeichnung Zislas als Menagerie bestimmt war. Sicher ist, daß der an dieser Stelle auf Veduten des 18. Jahrhunderts in symmetrischer Entsprechung zum westlichen Flügelbau erscheinende Bautrakt nie verwirklicht wurde.

Der bevorzugte Hofbaumeister Karl Albrechts war (seit 1725) der in Paris zum Architekten ausgebildete wallonische Kammerzwerg Max Emanuels, François Cuvilliés d. Ä. Der Nymphenburger Schloßanlage fügte Cuvilliés das Jagdschlößchen Amalienburg ein, das als die vollendetste Schöpfung des deutschen Rokoko gilt. Als ausführende Meister der Innenausstattung der Amalienburg sind an erster Stelle zu nennen der geniale Stukkator Johann Baptist Zimmermann und der Münchner Schneidkistler Joachim Dietrich. Der Erfinder der in ihrer Schönheit unvergleichlichen Dekoration war aber ohne Zweifel François Cuvilliés, einer der größten Raumschöpfer des Jahrhunderts und ein Genie in der Erfindung feinster Rokokoornamentik.

MAX III. JOSEPH UND NYMPHENBURG, 1745–1777

Kurfürst Max III. Joseph, der letzte Kurfürst der Rokokozeit, vollendete in Nymphenburg wie etwa auch in der Residenz München und in Schleißheim zahlreiche begonnene Projekte. Letzte Baulücken wurden geschlossen, so am Rondell und vor allem am Nordflügel mit dem erst 1755/57 durch Johann Baptist Gunezrhainer ausgeführten Orangerietrakt. Sein Obergeschoß nahm neben (nicht erhaltenen) Gästeappartements den neun Fensterachsen langen Hubertussaal auf, der als Fest- und Theatersaal sozusagen »zweiter Ordnung« den Steinernen Saal ergänzte. Max III. Joseph ließ alle vier Parkburgen renovieren und veranlaßte das Aufstellen des weiß-marmornen Figurenschmuckes im Park, der zuvor mehr oder weniger zufällig und in vielen Fällen von provisorischer Art war. Kurz vor seinem Tod begann man mit der Einrichtung des »Grünen Saales« als Speisesaal der Kavaliere im südlichen Zwischentrakt, der zugleich im Erdgeschoß die vom Nachbarpavillon hierher verlegte Hofküche aufnahm.

Max III. Joseph bereicherte Schloß Nymphenburg ferner durch Umbau und Neuausstattung mancher Innenräume. Dem wichtigsten Raum, dem »Großen Saal«, verlieh Johann Baptist Zimmermann als Fest- und Konzertsaal eine neue farbenfrohe Dekoration im Formenzauber des reifen bayerischen Rokoko. François Cuvilliés d. Ä., 1755 von seinem zweiten Parisaufenthalt zurückgekehrt, scheint am Konzept Johann Baptist Zimmermanns weniger beteiligt gewesen zu sein als bisher angenommen; er hat jedoch sicher die in Weiß gehaltenen Wanddekorationen im Gartensaal und im Emporensaal (Musikempore) entworfen. Das riesige Deckenfresko im Hauptsaal stellt zum Abschluß der Nymphenburger Gestaltungsgeschichte noch einmal die Göttin Flora und die Nymphen dar, denen neunzig Jahre vorher die Kurfürstin Adelaide ihren Landsitz gewidmet hatte. Unverkennbar ist der stilistische Anteil François Cuvilliés d. Ä. am Umbau der beiden Eckkabinette des Schlosses 1763/64. Die Rocailleornamente der Dekken gehen auf Franz Xaver Feichtmayr d. J. zurück, der nach dem Tode Johann Baptist Zimmermanns das Amt des Hofstukkators in München innehatte.

An der gemalten Neuausstattung des Schlosses waren in den 50er und 60er Jahren eine Anzahl weiterer Kunsthandwerker beteiligt. So dekorierte Ambrosius Hörmannstorffer eine Reihe kleinerer Säle und Kabinette mit Blumenmalerei oder im chinesischen Geschmack; Kistler- und Bildhauerarbeiten lieferte noch immer die große Werkstatt des Johann Adam Pichler, in der schließlich auch sein Sohn und Nachfolger Joseph Adam Pichler arbeitete; ferner sind anzuführen die Kistler Simon Pruckher und Tobias Grün, der Kammerportier und Schneidkistler Johann Caspar Hörspurcher und der Bildhauer Johann Thomas Sailler für geschnitzte Möbel, der Kistler Johann Georg Eggerer für einfachere Möbel, der Galanteriekistler (Ebenist) Georg Sebastian Guglhör, der angesehene Hofvergolder Lorenzo Bigarello und die Vergolder Johann Murpöck und Johann Georg Frauenholz, der Sticker Fr. J. A. Jansen, die Gürtler Johann Joseph Kraus und Joseph Stürzer für Kamingerät und Beschläge und der Grottenmeister Anton Langenburcher für gläserne Hängeleuchter.

Schloß Nymphenburg, Gartenseite *Bernardo Bellotto, gen. Canaletto, 1761*

KURFÜRST KARL THEODOR, 1777–1799

In die Zeit Karl Theodors, des ersten Kurfürsten aus der pfälzischen Linie, fällt die Verbreiterung der beiden Galerietrakte zwischen dem Hauptgebäude und den ersten Seitenpavillons (1795). Hierdurch wurden zwar je drei in Richtung Park gelegene, sehr wohnliche Räume gewonnen, die Galerieräume verloren jedoch den Durchblick zum Garten. Ferner wurden die Fassaden durchgreifend instandgesetzt. Bedeutungsvoll wurde, daß Karl Theodor den kurpfälzischen Hofgärtner Friedrich Ludwig Sckell nach München berief. Der Kurfürst machte den Nymphenburger Schloßgarten bereits 1792 der Allgemeinheit zugänglich.

VERÄNDERUNGEN UNTER MAX IV. JOSEPH, 1799–1826, SEIT 1806 KÖNIG MAX I.

Als Bayern Königreich wurde, ließ König Max I., der Nymphenburg zum bevorzugten Wohnsitz gewählt hatte und hier auch gestorben ist, das Schloß in wesentlichen Teilen umgestalten. Die 1806 begonnenen Umbaumaßnahmen lagen in Händen von Karl Ludwig Puille, dem Sohn des 1805 verstorbenen Hofarchitekten Charles Pierre Puille, und von Andreas Gärtner. In den Baumanualen der Jahre 1806–1808 werden Arbeiten für die »Neuen Zimmer« des Königs im Erdgeschoß des ersten südlichen Pavillons und die darüberliegenden »Neuen Appartements« der Königin aufgeführt. Auch der erste nördliche Pavillon wurde umgestaltet, wobei die Ausstattung des 18. Jahrhunderts größtenteils verlorenging.

Der Zeit entsprechend waren die Räume streng und einfach in der Konzeption, Ausstattungsstücke und Mobiliar jedoch von erlesener Schönheit. Eine einheitliche Ausstattung mit Seidenbespannung, Supraporten und noblem Mobiliar ist im Maserzimmer (R. 16), im Blauen Salon (R. 19) sowie im Schlafzimmer (R. 20) erhalten.

Schon vor der Umgestaltung des Schlosses hatte Max Joseph damit begonnen, den Garten durch Friedrich Ludwig Sckell in einen Landschaftsgarten englischer Prägung umgestalten zu lassen. Zusammen mit dem Landschaftsgarten und den erneuerten Schloßräumen war

Die barocke Gartenanlage von Schloß Nymphenburg, 1755

Nymphenburg somit eine bedeutende Residenz des frühen 19. Jahrhunderts.

1826 wurde der Mittelbau unter Leo von Klenze im Sinne des Klassizismus verändert. Durch Entfernung der Giebel mit dem kurfürstlich-bayerischen Wappen und einem wuchtigen, auf Konsolen sitzenden Kranzgesims aus Holz suchte man dem veränderten Geschmack Rechnung zu tragen.

DER PARK

Mit der Sommerresidenz Nymphenburg war von Anfang an ein fürstlicher »Lustgarten« verbunden. Während die ursprüngliche Anlage der Kurfürstin Adelaide noch bescheidene Ausmaße hatte, schuf Max Emanuel ab 1701 eine der bedeutendsten Gartenanlagen in Deutschland, für deren Gestaltung er aus Paris die Le Nôtre-Schüler Charles Carbonet (1701), vor allem aber Dominique Girard (seit 1715) berief. Damals entstand als Mittelachse des Gartens der breite, von der Würm abgezweigte Kanal, der bei der großen Kaskade in den Park eingeleitet wird und der bis 1730 sein Gegenstück in dem Kanal auf der Stadtseite erhielt, den zwei großartige Auffahrtsalleen begleiten. Der Entwurf der Kaskade geht auf Effner zurück. 1731 ließ jedoch Girard die damals bereits, wie es in den Akten heißt, »bußwürdige obere Cascade« in Nagelfluh ausführen und »das Profil, worüber das Wasser abfallet mit Marmorstein bedecken«. Unter Kurfürst Max III. Joseph kam es dann 1768 ff. zur »völligen Fassung des Beckens in rot und grauem Marmor« durch den Hofsteinmetzmeister Joseph Cajetan Linsinger.

Das Große Parterre westlich des Schlosses war in acht Kompartimente aufgeteilt, mit Teppichbeeten in der Mitte. Den Mittelpunkt bildete das Flora-Bassin von Guillaume de Groff; später kamen Drachen- und Delphin-Fontänen dazu. Seitlich der niederen Parterres lagen die Bosketts oder Heckengärten, so die Sommer-Orangerie, in der die in Kübel gepflanzten Orangenbäume standen, ferner Bosketts für das Paßspiel und für das beliebte russische Kegelspiel, jeweils mit zierlichen offenen Pavillons (»cabinets à jour«), sowie ein Irrgarten mit dem Heckentheater.

Die architektonischen Mittelpunkte der (allerdings nicht als Durchblick erlebbaren) Querachse des geometrisch gestalteten Gartens waren einst die Lustschlößchen Pagodenburg und Badenburg mit ihren Parterreanlagen, den Wasserkünsten und beschnittenen Heckenwänden. In dem nördlichen Seitenboskett des Lustgartens, als einer »einsamen und melancholischen Gegend«, wurde die Magdalenenklause erbaut. Sicher eine Erfindung Effners war auch das kleine pavillonartige Bauwerk, das auf einer Entwurfsskizze von Franz Joachim

Beich inmitten eines Achtecksterns gegenüber der Magdalenenklause an der Stelle der späteren Amalienburg zu erkennen ist. Auch die Amalienburg war ursprünglich von einer streng gefügten gärtnerischen Anlage als Fortsetzung der Innenräume umgeben. An der Westseite des Gartenschlößchens schloß eine bogenförmige Hecke den kleinen Ehrenhof ab. Ab 1733 wurde die Parkanlage insgesamt ummauert, mit Gittern an den Schnittpunkten der Hauptachsen, damit sich der Blick von der »geformten« Natur des Gartens in die Weite der freien Landschaft verlieren konnte.

Unmittelbar bei den fürstlichen Wohnpavillons hatte bereits Max Emanuel zwei Gärtchen mit Broderien anlegen lassen. Den südlichen Garten stattete Max III. Joseph 1757 mit dem anmutigen achteckigen Bau des Vogelhauses aus (nach Entwurf von François Cuvilliés d. Ä.). Die Ausmalung des Pavillons – »in- und auswendig« – besorgte Ambrosius Hörmannstorffer. Erhalten haben sich Reste der reizvollen Fassadenbemalung (mehrfach restauriert) mit spielenden Putten, Blumensträußen in Vasen, Gehängen und fliegenden Vögeln. 1768 erbaute François Cuvilliés d. J. in demselben Gärtchen die sogenannte Kleine Kaskade, deren Entwurf noch auf François Cuvilliés d. Ä. zurückgeht. Den Schloßgarten bereicherte Max III. Joseph auch mit einer großen Anzahl Skulpturen und Vasen in Marmor.

Im frühen 19. Jahrhundert, 1804–23, erfuhr der aus symmetrischen Revieren gebildete barocke Boskettgarten durch den genialen Gartenarchitekten Friedrich Ludwig Sckell eine weitgehende Veränderung im Sinne des in England bereits zu Anfang des 18. Jahrhunderts Mode gewordenen Landschaftsgartens. Sckell, der in seinen »Beiträgen zur Bildenden Gartenkunst« die Auffassung vertritt, daß majestätische Alleen, wo sie mit der Architektur in passende Verbindung treten, nicht allein einen Anblick von hoher Pracht und Luxus gewähren, sondern auch von praktischem Nutzen für den Lustwandler sind, behielt die Grundzüge des barocken Gartens bei. Indem Sckell das Große Parterre und den Mittelkanal als Basis des Landschaftsgartens übernahm, verlieh er seiner Schöpfung ihre vielbewunderte Eigenart.

Der Landschaftsgarten von Schloß Nymphenburg
Bestandsaufnahme von Carl Effner, 1832

Festsaal im Hauptschloß (Raum 1)

RUNDGANG

DAS HAUPTSCHLOSS

1 Festsaal (Großer oder Steinerner Saal)

Der überwältigende Eindruck, den der Saal hinterläßt, geht zum einen von der groß bemessenen Raumarchitektur und zum anderen von der festlichen Dekoration aus. Die Architektur des Raumes, ein Gerüst von Kolossalpilastern mit Kompositkapitellen, Architrav, Fries und Konsolgesims, wurde in den Grundzügen von Henrico Zuccalli 1702 auf die zunächst glatten Wände gefügt und 1756 von Johann Baptist Zimmermann dekorativ bereichert. Zum Raumeindruck tragen auch die Rundbogenöffnungen der Stirnseite bei, die den riesigen Raum nicht nur mit Licht erfüllen, sondern sowohl in Richtung Stadt als auch – über die beiden vorgeschalteten Säle – in Richtung Park öffnen. Den nahtlosen Übergang in beide Bereiche vermitteln Freitreppen, die für Nymphenburg von Anfang an charakteristisch waren. Da sich auf diese Weise ein Treppenhaus im Inneren erübrigte, konnte der »Große Saal« in Dimensionen errichtet werden, die außergewöhnlich sind. Zudem wird hierdurch der Charakter eines Sommerschlosses besonders deutlich.

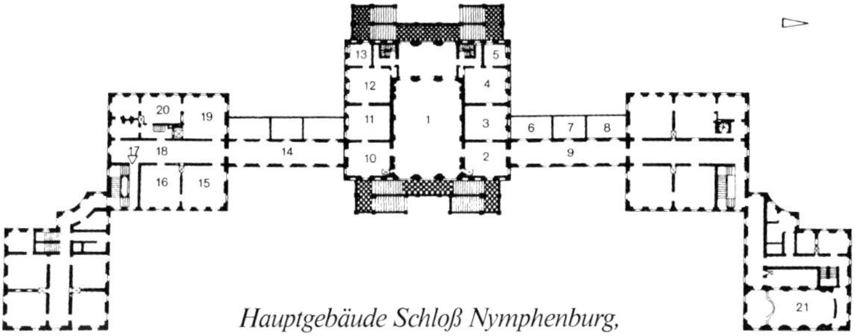

Hauptgebäude Schloß Nymphenburg,
Grundriß 1. Obergeschoß

Unter Beteiligung François Cuvilliés d. Ä. ließ Max III. Joseph 1755–1757 den »Großen Saal« sowie die beiden dem Garten zu vorgelagerten Säle umgestalten. Der greise Johann Baptist Zimmermann schuf 1755/56 die üppigen Rokokostukkaturen an den Wänden und am Muldengewölbe Zuccallis (vor 1675) mit zahlreichen Motiven zum Thema »Musik«. In den Ecken große Figuren der vier Jahreszeiten, dazwischen Puttengruppen mit den Sinnbildern der 12 Monate. Grünliche und rötliche Grisaillemalereien vermitteln zum großen Deckenfresko Johann Baptist Zimmermanns. Der Akkord mit Zimmermann wurde am 18. Oktober 1755 geschlossen. 1757/58 waren die Arbeiten beendet. Unterstützt wurde der Meister namentlich durch seinen Sohn Franz Michael. Bei den Wand- und Deckenfresken spielte sein Schüler Martin Heigl, dem 1757 als Anerkennung für seine »auf dem Saal zu Nymphenburg Verfertigte Arbeith« der Hofschutz verliehen wurde, eine größere Rolle.

Um die Verbindung zum Garten noch mehr zu verdeutlichen, wird die »Parklandschaft« in den Fresken fortgeführt, wobei das Bildprogramm dem arkadischen Charakter Nymphenburgs Rechnung trägt. Der Grundgedanke des großen Deckenfreskos ist den Themen des Friedens und der Versöhnung gewidmet. Max III. Joseph hatte 1745 durch den Sonderfrieden von Füssen den Grundstock für das wirtschaftliche Wiederaufblühen des Kurfürstentums gelegt. Dieser Aspekt wird im Fresko durch die Darstellung eines kultivierten und blühenden »Arkadiens« verdeutlicht. Mit der Regierung dieses Friedensfürsten ist das Goldene Zeitalter zurückgekehrt. Von großem Reiz ist die farbliche Gestaltung des Saales. Während für das architektonische Gerüst Weiß und Gold verwendet sind, erhielten die Wandfelder, die als Fond für die farbenfrohen Wandgemälde dienen, einen zarten Grünton. Hierdurch ist ein Übergang zur Farbensymphonie des Dekkengemäldes geschaffen. Die Vergoldungsarbeiten leitete der seit Jahrzehnten am kurfürstlichen Hof tätige Lorenzo Bigarello.

Großes Deckenfresko von Johann Baptist Zimmermann 1755/57. Auf der Parkseite des großen Deckengemäldes huldigen Nymphen der Göttin Flora, eine Allegorie auf den Namen des Schlosses, darüber im Zentrum der Sonnenwagen Apolls und weitere Götter des Olymp, links Gruppe der Venus, gegenüber die Jagdgöttin Diana. Dominierende Ge-

Festsaal im Hauptschloß (Raum 1), Deckengemälde

stalt dieser Figurengruppe ist Merkur mit der Trompete der Fama. Auf der Stadtseite des Deckengemäldes Orpheus und Minerva, die die Musen unterweisen; unter dem Zelt der trunkene Bacchus. Orpheus ist als direkter Verweis auf die Muskleidenschaft des bayerischen Kurfürsten zu sehen. Die Gestalt der jungfräulichen Göttin Astraea auf der Parkseite links unten, die erst beim Wiederaufleben des »Goldenen Zeitalters« auf die Erde zurückkehren wollte, ermöglicht die Deutung des Deckengemäldes als Verherrlichung der Regierung Max III. Josephs.

An den Seitenwänden als Mittelbilder links Cephalus und Procris, rechts Mars und Venus, über den Türen Schäfer-Szenen als Allegorien der vier Temperamente. Das umfangreiche Bildprogramm um das Thema »Wohlstand und Blüte des Landes im Frieden – Wiederkehr des Goldenen Zeitalters« wird ergänzt durch die Stuckfiguren über dem Kranzgesims.

Wohl gegen Ende des Jahres 1756 wurde François Cuvilliés d. Ä. mit den Entwürfen zu den inneren Türverdachungen und dem Stuckdekor der weiß gehaltenen Annexräume im Haupt- und Emporengeschoß beauftragt. Diese wurden wiederum von der Werkstatt Zimmermanns umgesetzt, dem letzten Auftrag nach Arbeiten in der Wieskirche, in Schäftlarn und Maria Brünnlein bei Wemding. Zimmermanns Deckenbilder sind in diesen beiden Räumen, im Gegensatz zum großzügig angelegten Hauptfresko, kleinteiliger gemalt.

An der Decke des Gartensaales: Entführung Floras durch Zephyr. Die Stuckreliefs an den Pfeilern beziehen sich thematisch auf die antiken Götter. – Darüber an der Decke der Musikempore: Latona und die Lykischen Bauern – Verwandlung der Bauern in Frösche nach den Metamorphosen Ovids. Besonders beeindruckend ist hier der Wandstuck mit äußerst plastisch wiedergegebenen Reliefs zahlreicher Musikinstrumente. Der Auftraggeber, Kurfürst Max III. Joseph, war ein großer Musikliebhaber und trat selbst als Gambenspieler und Komponist hervor.

Der Steinerne Saal wurde seit seiner Fertigstellung 1758 niemals gründlich renoviert. Abstaubungen und kleine Ausbesserungen in Reichweite der Benutzer blieben die einzigen Eingriffe, so daß er völlig authentisch als Rokokoraum erhalten blieb. Die Restaurierungsarbeiten 1990/95 beschränkten sich auf abermaliges Reinigen, Festigen und Retuschieren der inzwischen aufgetretenen Risse und Fehl-

Gartensaal beim Festsaal (Raum 1), Deckengemälde

stellen. Wieder aufgehängt wurden sechs klassizistische, um 1810 entstandene Kristallüster mit zwölf zugehörigen Wandgarnituren. Sie ersetzten zur Zeit der Erhebung Bayerns zum Königreich sieben ursprüngliche Rokokolüster.

Einrichtung: 2 Konsoltische, Johann Adam Pichler, München um 1725.
6 Tabourets.
2 Vasen, Alt-Imari, Japan um 1700.
6 Lüster und 12 Wandgarnituren um 1810.

NORDFLÜGEL

Sowohl das Appartement im Mittelbau als auch die über die nördliche Galerie erreichbare (unzugängliche) Raumgruppe im ersten nördlichen Pavillon (seit dem 19. Jahrhundert »Kronprinzenbau« genannt) enthielten offizielle Wohnungen des Kurfürsten. Sie wurden durch das Erste Vorzimmer erschlossen.

2 *Erstes Vorzimmer*

Die ganz im französischen Stil gehaltene, weiß und gold gefaßte Holzvertäfelung in Formen des Régence wurde von dem in Paris ausgebildeten »Hofkistler und Blumenwerkschneider« Johann Adam Pichler geschnitzt.

Gefelderte Decke gegen 1675, aus der ersten Bauzeit des Schlosses: Im ovalen Mittelfeld Ceres auf einem von Drachen gezogenen Wagen, gemalt von Antonio Zanchi; in den Eckfeldern Putten mit den Gaben der Ceres, gemalt von Johann Anton Gumpp.

Gemälde: Supraporten. Spielende Kinder als Allegorien der vier Elemente, von Jacopo Amigoni, 1716. – An der Rückwand Porträt des Kurfürsten Max Emanuel als Feldherr mit der Festung Namur im Hintergrund, von Joseph Vivien, 1711. – Gegenüber dem Kamin Porträt der zweiten Gemahlin Max Emanuels Therese Kunigunde von Polen, von Franz Joseph Winter nach Vivien.

Einrichtung: Konsoltisch, Johann Adam Pichler, München um 1725. Kommode, um 1740.

Stutzuhr, H. v. Soest (Signatur auf dem Zifferblatt) und Gosselin (Uhrwerk), Paris um 1720.

2 Flötenvasen mit Figurenszenen, Alt-Imari, Japan um 1700.

3 *Zweites Vorzimmer (Gobelinzimmer)*

Barocke Felderdecke mit Deckengemälde des frühen 18. Jahrhunderts von Johann Anton Gumpp: Der Triumph der Kriegslist, Mars und Minerva über dem trojanischen Pferd.

Wandteppiche. An der Rückwand Diana aus einer Folge »Die Triumphe der Götter«, Brüssel um 1720, vereinigte Manufakturen der Heinrich Reydams, Urban und Daniel Leyniers nach Entwürfen von Jan van Orley und Augustin Coppens. – An den Seitenwänden März–April und Juli–August aus einer Monatsfolge mit Gartenszenen, Brüssel um 1690, Manufaktur des Jan Frans van den Hecke.

Gemälde. Supraporten: Zwei Stilleben mit Blumen und Früchten, 18. Jahrhundert. – Über dem Kamin: Bildnis der zweiten Gemahlin Max Emanuels, Therese Kunigunde von Polen, dargestellt als Venus mit Amor; gemalt von Martin Maingaud.

Einrichtung: Schreibtisch (bureau plat) mit Bronzebeschlägen, Paris um 1750/60.

2 Konsoltische, sign. von Adam Weisweiler, Paris um 1785.

Sitzgarnitur, sign. Georges Jacob, Paris um 1780 (ursprünglich wohl aus Schloß Karlsberg bei Zweibrücken). 2 Paare dreiflammiger Girandolen, um 1810.

4 *Ehemaliges Schlafzimmer*

Barocke Felderdecke mit Deckengemälden. – Mittelbild: Die Meeresgöttin Thetis, auf einer Muschel in den Wolken thronend. Gemalt von dem Schweizer Joseph Werner (Zuschreibung J. Glaesemer); entstanden 1672/73. Identisch mit einem in Sandrarts Akademie erwähnten Gemälde Werners, auf dem er »... eine, durch die Lüfte mit vielen Liebs-Göttern umgebene, und ab ihrem Wagen allerhand rare See-Muscheln herabschüttende Thetis gebildet, welche zu Ihrer Churfl. Durchl. gnädigstem Contento verfärtiget worden ...« Im Kupferstichkabinett der Staatlichen Museen Berlin hat sich eine Vorzeichnung erhalten.

Wandvertäfelung im 19. Jahrhundert neu gefaßt. Bespannung des rückwärtigen Wandfeldes 1966 in blauem Damast erneuert.

Gemälde. Supraporten: Rast der Diana und Toilette der Venus, Repliken des 18. Jahrhunderts nach François Boucher. Neben dem Kamin: Kurfürst Max Emanuel nach der Schlacht von Harsan, Werkstatt des Joseph Vivien, Paris um 1710 (Abbildung S. 8), – Kurfürst Max III. an der Drechselbank mit dem Grafen von Salern, Johann Jakob Dorner, 1765.

An der Rückwand in geschnitztem und vergoldetem Rokokorahmen: Konversationsstück. Die kurbayerische und kursächsische Familie beim Musizieren und Kartenspiel in 32 kleinen Figuren. L. u. signiert und datiert: Peter Horemans 1761.

Kurprinz Friedrich Christian von Sachsen weilte zwischen 1760 und 1762 mit Familie und Hofstaat zu Besuch bei seinem Schwager Kurfürst Max III. Joseph von Bayern. Das Gemälde hält ein Konzert sowie ein Kartenspiel fest, die als höfische Unterhaltung in Schloß Nymphenburg stattfanden. Nach dem Inventar von 1763 befand sich das Bild damals in den »Apartements Ihro Regierenden Churfürstl. Durchlaucht.«

Familienbild der kurbayerischen und kursächsischen Familien (Detail) P. J. Horemans, 1761 (Raum 4)

Familienbild der kurbayerischen und kursächsischen Familien (Detail)
P. J. Horemans, 1761 (Raum 4)

Gruppe der Musizierenden in der linken Bildhälfte: Kurfürst Clemens August von Köln, gest. 1761, am »Passetl« (Baßgeige). Markgräfin Maria Josepha von Baden, Schwester Max III. Josephs, am Cembalo. Prinz Karl von Sachsen mit Querflöte. Prinzessin Elisabeth von Sachsen als Sängerin. Herzog Clemens Franz von Bayern in blauer Hirschjagduniform, den Takt schlagend. Als Zuhörer im Rollstuhl der gelähmte Kurprinz Friedrich Christian von Sachsen mit dem Ordensband zum polnischen weißen Adlerorden. Die Mitglieder des bayerischen Kurhauses tragen den St.-Georgs-Orden.

Gruppe der Kartenspielenden rechts der Bildmitte (von links nach rechts): Prinzessin Christina von Sachsen; Kardinal und Herzog Johann Theodor von Bayern, ein Onkel des bayerischen Kurfürsten; Prinzessin Josepha von Bayern, eine Schwester des Kurfürsten, später Gemahlin Kaiser Josephs II.; Kurfürst Max III. Joseph von Bayern. – Verbindend zwischen der ersten und zweiten Gruppe im Hintergrund Maria Anna, Kurfürstin von Bayern mit ihrem Bruder Prinz Xaver von Sachsen.

Gruppe der Kaffeetrinkenden am rechten Bildrand: Maria Anna, Herzogin von Bayern; Prinzessin Kunigunde von Sachsen sowie Maria Antonia, geborene Prinzessin von Bayern, eine Schwester des bayerischen Kurfürsten und Gattin des Kurprinzen Friedrich Christian von Sachsen.

An der linken Wand: Kleine Schönheitsgalerie Max Emanuels aus dem 1944 zerstörten Schlafzimmer im Obergeschoß der Badenburg. Neun Porträts von Damen am Hofe Ludwigs XIV., z.T. als Göttinnen verkleidet, die Pierre Gobert um 1715 für den während seines Exils seit 1713 in St. Cloud bei Paris lebenden Kurfürsten gemalt hat. Von oben nach unten und von links nach rechts: zwei unbekannte Damen, Prinzessin de Brissac als Diana, Herzogin von Luxemburg, Mademoiselle de Clermont mit Hund, Madame de Ville Franche als Flora, Mademoiselle de la Motte mit Weltkugel und Adler, Fürstin Conti mit Fackel und Amor, Gräfin Polignac als Pomona (ihre alte Dienerin als Vertumnus).

Einrichtung: Pultartiger Schreibtisch (bureau en pente) mit dem Motiv der sog. Schmetterlingsflügel in Einlegearbeit, Paris um 1750, Jean Dubois zugeschrieben. Zerlegbares Reiseschreibtischchen des Grafen Seeau mit Inschrift von 1772, Paris um 1750.

Konsoltisch, sign. Georges Jacob, Paris 1781/82 (ursprünglich aus Schloß Karlsberg bei Zweibrücken).

Sitzgarnitur, sign. Georges Jacob, Paris um 1780 (ursprünglich ebenfalls aus Schloß Karlsberg).

5 *Nördliches Kabinett*

Das nördliche Eckkabinett wurde 1763/64 unter Leitung von François Cuvilliés d. Ä. zur heutigen Form verkleinert und mit neuen Deckenstukkaturen von Franz Xaver Feichtmayr d. J. versehen. In den Ecken Rocaillekartuschen mit Putten als Allegorien der vier Jahreszeiten. Die naturalistische Fassung der Stukkaturen wurde bei der Restaurierung des Raumes 1950/51 auf alter Grundlage erneuert.

Gemälde: Köpfe aus der antiken Mythologie, um 1775–80.

Einrichtung: Zylinderschreibtisch, um 1775–80; Marketerie mit Musikinstrumenten. Zwölfflammiger Lüster, um 1770.

6 *Schönheitsgalerie Max Emanuels*

Die drei Räume auf der Gartenseite der nördlichen Galerie gehen auf die Verbreiterung des Galerietraktes unter Kurfürsten Karl Theodor zurück, die 1795 erfolgte. 1967 wurden die Räume neu eingerichtet.

Gemälde: Große Schönheitsgalerie des Kurfürsten Max Emanuel, fünf Porträts von Damen am Hof Ludwigs XIV., die Pierre Gobert um 1715 gleichzeitig mit den Porträts der Kleinen Schönheitsgalerie (Raum 4) gemalt hat, von links nach rechts: Princesse de Conti (Tochter Ludwigs XIV. und der Marquise de Montespan) mit Amor, Mademoiselle de Charolois, Duchesse des Berry, Mademoiselle de Clermont, Marquise de Gondrin mit Amor. – Ansicht der Magdalenenklause, Franz Joachim Beich, um 1725/30.

Einrichtung: Kommode, München um 1740/50, wohl nach einem Original des Bernard II Vanrisamburgh gearbeitet.
Konsoltisch, München um 1750/55.
6 Stühle, sign. Georges Jacob, Paris 1781–82.
Spiegel, Johann Caspar Hörspurcher, um 1750, wohl nach Entwurf des François Cuvilliés d. Ä.
Spiegel, um 1765, Johann Thomas Sailler zuzuschreiben.
2 Wandleuchter, um 1750.
Lüster hier wie in den beiden Nachbarräumen um 1775 (ursprünglich im »Grünen Saal«, Südflügel des Schlosses).
Stutzuhr, Europa auf dem Stier, bez. »Millot. Hger Du Roy, à Paris«, Paris um 1750/55.

7 Wappenzimmer

Marmorbüsten: Kurfürst Karl Theodor als Herkules und seine erste Gemahlin Elisabeth Auguste von Pfalz-Sulzbach als Minerva, um 1780.

Gemälde. Supraporten: Stilleben mit Geflügel, Krebsen, Früchten und Gemüse, 18. Jh.; zwei Stilleben mit Früchten, sign.: Johann Amandus Wink 1795.

Knüpfteppiche: 4 Knüpfteppiche mit dem Allianzwappen Kurpfalz und Pfalz-Sulzbach des Kurfürsten Karl Theodor und seiner ersten Gemahlin Elisabeth Auguste; Stephan Boßmann, Savonnerie-Fabrik Heidelberg-Mannheim, seit 1756.

Einrichtung: 2 Guéridons (Leuchtertischchen), Paris um 1785.

4 Sessel, sign. Georges Jacob, Paris 1781–82.

3 Wandleuchter, Johann Thomas Sailler, München 1766.

8 Karl-Theodor-Zimmer

Gemälde: Bildnisse des Kurfürsten Karl Theodor als Großmeister des Georgiritterordens und seiner ersten Gemahlin Elisabeth Auguste von Pfalz-Sulzbach, l. u. sign. und dat.: Anton Hickel. f: 1780; die Rahmen werden dem Bildhauer Augustin Egell zugeschrieben. – An der Fensterwand Bildnis der zweiten Gemahlin des Kurfürsten Karl Theodor, Maria Leopoldine von Österreich-Este, sign.: Joseph Hauber 1797.

Einrichtung: Konsoltisch, München letztes Viertel 18. Jahrhundert.

2 Guéridons (Leuchterständer), sign. Georges Jacob, Paris, 1780–81 (wohl aus Schloß Karlsberg bei Zweibrücken); darauf: 2 Girandoles, wohl von Gouthière, Paris (?) um 1780.

6 Stühle, sign. Georges Jacob, Paris 1781–82, Bezüge von 1867 (aus Schloß Karlsberg bei Zweibrücken).

Wandspiegel, um 1780.

Stuhl aus Schloß Karlsberg
G. Jacob, Paris 1781/82 (Raum 8)

9 Nördliche Galerie

Verbindungsgang zum (unzugänglichen) Appartement des Kurfürsten im ersten nördlichen Pavillon. Innenausstattung aus der Zeit Max Emanuels. Große Ansichten von Schloß Nymphenburg in einer Wandvertäfelung, deren elegant geschnitzte Zieraten von Johann Adam Pichler stammen. Franz Joachim Beich hat diese aufschlußreichen Veduten, die Einblick in die ursprüngliche Planung und Gestaltung der Bau- und Gartenanlagen gewähren, 1722/23 gemalt.

Die eingelassenen Bilder zeigen folgende Darstellungen:

Am ersten Fensterpfeiler rechts: Schloß Nymphenburg von der Gartenseite.

Gegenüber: Vorderansicht des Schlosses Nymphenburg mit der französischen Gartenanlage und den Parkburgen im Hintergrund. 1760 wurden die Amalienburg und die Magdalenenklause von Joseph Stephan hinzugemalt.

Am zweiten Fensterpfeiler: Das Jagdschloß Fürstenried. Im Vordergrund Aufbruch zur Jagd mit kleiner Porträtdarstellung Kurfürst Max Emanuels.

Gegenüber: Die Badenburg. Das Badeschlößchen mit dem prunkvollen Baderaum ist ohne Vorbild. Diese Parkburg wird inmitten der ursprünglichen nicht erhaltenen barocken Gartenanlage im französischen Stil mit Bassin, geschnittenen Hekken und Bosketts gezeigt.

Am dritten Fensterpfeiler: Schloß Starnberg mit der kurfürstlichen Flotte. Im Mittelpunkt das Prunkschiff Ferdinand Marias und seiner Gattin Adelaide, der »Bucentoro«, den der italienische Baumeister Santurini im 17. Jahrhundert nach dem Vorbild der Prunkgaleere des Dogen von Venedig gebaut hatte.

Gegenüber: Das ehemalige berühmte Florabassin im Großen Parterre mit der Gruppe der Flora in vergoldetem Blei von Guillaume de Groff (1719) – seit Beseitigung im frühen 19. Jahrhundert verschollen.

Am vierten Fensterpfeiler: Schloß Berg am Starnberger See. Bevorzugter Aufenthalt des Kurfürsten Ferdinand Maria und seiner Gemahlin Adelaide. Im Vordergrund Hirschjagd im See. – Bei Schloß Berg ertrank König Ludwig II., der in Schloß Nymphenburg geboren wurde (R. 20), am 13. Juni 1886.

Gegenüber: Die heute noch bestehende große Kaskade des Nymphenburger Schloßparks; die umrahmende Architektur wurde nie gebaut.

Über der nördlichen Tür: Die Pagodenburg mit dem vierpaßförmigen Bassin der ehemaligen französischen Gartenanlage.

Über der südlichen Tür: Die Badenburg.

10 Erstes Vorzimmer

Zugang zu den Appartements der Kurfürstin. Unter Kurfürst Max III. Joseph anstelle roter Wandbespannung mit der heutigen weiß und gold gefaßten Vertäfelung neu ausgestattet. Barocke Decke aus der ersten Bauzeit des Schlosses mit Gemälden von Antonio Domenico Triva, im Mittelfeld die Wassernymphe Arethusa.

Gemälde. Supraporten: Landschaften von Dominicus Nollet, um 1720. – An den Wänden Bildnis Karl Albrechts als Kaiser Karl VII. und Bildnis seiner Gemahlin Maria Amalia als Kaiserin; Atelier des George Desmarées.

Einrichtung: Konsoltisch, Johann Adam Pichler, München um 1725.

Kommode um 1765.

Tischuhr, Gillé l'ainé, Paris um 1760.

11 Zweites Vorzimmer

Barocke Felderdecke mit Deckengemälden von Antonio Domenico Triva, um 1675, als Mittelbild die Erdgöttin Kybele. – Über dem Marmorkamin geschnitzte Spiegelrahmung, um 1760/70.

Die Wandbespannung in rotem Damast wurde bei der Restaurierung des Raumes 1966 nach altem Vorbild erneuert.

Gemälde: Supraporten: zwei Stilleben mit Puttenreliefs, sign.: Johann Amandus Wink 1795. – An der Rückwand Doppelporträt der Gründer des Schlosses, Kurfürst Ferdinand Maria und Henriette Adelaide von Savoyen, 1666, Sebastiano Bombelli zugeschrieben. – An den Seitenwänden allegorische Porträts der Gründer des Schlosses, sign. von Stefano Catani, um 1675. Die zur ältesten Ausstattung der Nymphenburger Sommervilla Henriette Adelaides gehörigen, ursprünglich ovalen Deckenbilder wurden 1763 anläßlich der Umgestaltung der Eckkabinette entfernt: ehemals im nördlichen Eckkabinett Kurfürst Ferdinand Maria in Gestalt Jupiters mit Geräten der Astronomie als Förderer der Wissenschaft und Künste – ehemals im südlichen Eckkabinett Kurfürstin Henriette Adelaide in Gestalt Dianas mit ihren Kindern, Maria Anna als Juno, Clemens Kajetan als Apoll und Violante Beatrix als Flora; rechts Max Emanuel, dem als dem zukünftigen großen Feldherrn ein Schwert überreicht wird.

Zweites südliches Vorzimmer im Hauptschloß (Raum 11)

Schlafzimmer im Appartement der Kurfürstin (Raum 12)

Einrichtung: Prunktisch mit Platte in italienischer Pietra-dura-Arbeit, auf schwarzem Marmor Vögel und Ranken in verschiedenfarbigen edlen Steinen eingelegt, zweite Hälfte des 17. Jahrhunderts.

2 Kommoden mit vergoldeten Bronzebeschlägen, Paris um 1730/40, E. Doirat zugeschrieben.

4 Fauteuils und 4 Tabourets, München um 1760/65.

6 Wandleuchter, Johann Thomas Sailler, München 1766.

12 Schlafzimmer

Barocke Felderdecke mit Deckengemälden von Antonio Domenico Triva, um 1675, als Mittelbild die Göttin Flora – Geschnitzter Kaminaufsatz in Régence-Formen um 1720, Spiegelrahmung der Fensterwand in Rokoko-Formen um 1760/70. – Bettbaldachin mit Silberstickerei auf grünem Samt, gegen 1730.

Die Wandbespannung in grünem Damast wurde bei der Restaurierung des Raumes 1963 nach altem Vorbild erneuert.

Gemälde. Supraporten: vier italienische Ruinenlandschaften mit Hirten von Joseph

Chinesisches Lackkabinett (Raum 13)

Stephan, 1766. – Im Kaminaufsatz Allegorie auf die Rückkehr des Kurfürsten Max Emanuel aus der Verbannung, 1715 von François Roettier. – An der Eingangswand Bildnis Max Emanuels und seiner Schwester Maria Anna als Kinder, 1666, Sebastiano Bombelli zugeschrieben. – An der Rückwand Bildnisse des Kurfürsten Max Emanuel und seiner zweiten Gemahlin Therese Kunigunde, sign. Johann Andreas Wolff, 1704.

Einrichtung: Schreibschrank in reicher Einlegearbeit mit niederländischen Bauernszenen und Blumen, sign. von Jean-Baptiste Saunier, Paris um 1760.

2 Kommoden gegen 1775.

Konsoltisch, München um 1750/55.

2 Stühle um 1740/50.

2 Vasen (weißer Marmor) mit Leuchtersträussen.

13 Chinesisches Lackkabinett

Das südliche Eckkabinett wurde 1763/64 unter Leitung von François Cuvilliés d. Ä. umgestaltet und erhielt wie das nördliche Kabinett Dekkenstukkaturen von Franz Xaver Feichtmayr. In den Ecken Rocaillekartuschen mit Putten als Allegorien der vier Elemente. In den großen Feldern der weißen Wandvertäfelung sog. Koromandellackplatten (Lackschnitt auf Tongrund), die vermutlich von chinesischen Setzschirmen des 17. Jahrhunderts stammen. Diese geben – in korrekter Reihenfolge angeordnet – die Handlung eines chinesischen Romans des 16. Jahrhunderts wieder. In den kleinen Feldern als Ergänzung Lackmalereien mit Chinoiserien von Lackmaler Johann Georg Höringer, dazu an den Türflügeln und am Türgewände Figuren der italienischen Komödie.

Einrichtung: Secrétaire en pente (Pultsekretär), Paris um 1730/33.

Lackschränkchen mit japanischen Lackplatten, sign. von Claude-Charles Saunier, Paris um 1780.

2 Guéridons mit tanzenden Chinesen, Paris (?) um 1720.

14 Südliche Galerie

Verbindungsgang zum Appartement der Kurfürstin. Erst gegen 1760 fertiggestellt. Wesentlich einfachere Vertäfelung als im nördlichen Verbindungsgang.

Gemälde von Franz Joachim Beich, Nikolaus Gottfried Stuber und Joseph Stephan.

Am ersten Fensterpfeiler links: Das Neue Schloß Schleißheim von der Gartenseite, gemalt von Franz Joachim Beich, mit der barocken Fassade Effners. Im Hintergrund das Alte Schloß und die Schwaighofbauten in idealisiertem Zustand.

Gegenüber: Hauptansicht der Schlösser Schleißheim von Nikolaus Gottfried Stuber. Im Vordergrund das Alte Schloß, von Kurfürst Maximilian I. im frühen 17. Jahrhundert erbaut (im Zweiten Weltkrieg stark beschädigt, 1971/72 im Äußeren und 1985/88 im Inneren wiederaufgebaut). Das neue Schloß Max Emanuels noch mit der spätbarocken Fassadengestaltung, die Leo von Klenze 1819 veränderte. Die geplanten Verbindungsgalerien zwischen Altem Schloß und Neuem Schloß wurden nie gebaut, ebenso wie die hier gezeigte barocke Umgestaltung des Alten Schlosses nicht zur Ausführung gelangte. Im Hintergrund der Schloßgarten mit Lustheim (1684–87 errichtet).

Am zweiten Fensterpfeiler: Lustheim von Osten, gemalt von Franz Joachim Beich (teilweise idealisierte Darstellung).

Gegenüber: Vorderansicht des Gartenschlößchens Lustheim von Franz Joachim Beich. Das Schlößchen ist von einem geplanten, aber nicht vollständig errichteten

Ostasiatische Lackschnittplatte aus der Wandverkleidung im Chinesischen Lackkabinett (Raum 13)

und um 1750 wieder beseitigten halbkreisförmigen Galeriebau umgeben. Im Hintergrund der Kanal von Lustheim und der Zuleitungskanal, der das Wasser von der Isar herführt.

Am dritten Fensterpfeiler: Das im 19. Jahrhundert zerstörte Schloß Lichtenberg am Lech, gemalt von Franz Joachim Beich; für Max Emanuel als Jagdschloß durch Henrico Zuccalli im frühen 18. Jahrhundert errichtet. Im Vordergrund Reiherbeize.

Gegenüber: Landshut, gemalt von Franz Joachim Beich. Die Stadt mit der Martinskirche, einem Hauptwerk der bayerischen Spätgotik. Über der Stadt Burg Trausnitz, ein Stammsitz der Wittelsbacher.

Am vierten Fensterpfeiler: Ansicht des Schlosses Haag im Osten Münchens, von Joseph Stephan, 1756.

Gegenüber: Der von Herzog Albrecht V. errichtete Vierflügelbau des Schlosses Dachau mit seinen »hängenden« Gärten, gemalt von Franz Joachim Beich. Im frühen 19. Jahrhundert wurde das Schloß bis auf den heute noch bestehenden Flügel abgerissen (vgl. Amtl. Führer Schloß Dachau).

Über der Eingangstür: Schloß Isareck, von Joseph Stephan, 1757.

Über der Ausgangstür: Schloß Kling bei Wasserburg, von Joseph Stephan, 1757.

SÜDLICHER PAVILLON

In seinem Hauptgeschoß wohnten jeweils die Kurfürstinnen, seit 1806 die Königinnen. Im Erdgeschoß befand sich seit Kurfürst Karl Albrecht eine Privatwohnung des jeweiligen Herrschers, der offiziell im Nordtrakt des Schlosses residierte.

15 Schönheitsgalerie König Ludwigs I.

Im ersten Obergeschoß dieses Pavillons wurden 1807 Wohnräume für die Königin Caroline, der Gemahlin König Max I. Josephs, geschaffen. Der ganz in Weiß und Gold gehaltene, mit stuckierten Supraporten versehene Raum diente ursprünglich als kleiner Speisesaal. Dieser wurde von Andreas Gärtner umgestaltet, dem Vater des Architekten Friedrich von Gärtner. Hier ist jetzt die ursprünglich für den Festsaalbau der Münchner Residenz geschaffene Schönheitsgalerie König Ludwigs I. (reg. 1825–1848) ausgestellt.

Im Auftrag des Königs malte Joseph Stieler von 1827–1850 diese be-

Caroline Gräfin von Holnstein (Raum 15)
J. Stieler, 1834

rühmte Reihe von Bildnissen schöner Frauen, nicht nur Hofdamen wie in der Schönheitsgalerie Max Emanuels (Raum 4), sondern Frauen aus den verschiedensten Gesellschaftsschichten. Zu den 36 Bildnissen, von denen später eines (Luise Freiin von Neubeck) verlorenging, fügte Friedrich Dürck 1861, nach dem Tode von Stieler, noch zwei Bildnisse hinzu (Carlotta von Breidbach-Bürresheim und Anna Greiner). Am bekanntesten sind wohl die »Schöne Münchnerin« Helene Sedlmayr, Tochter eines Schuhmachermeisters, und die »spanische« Tänzerin Lola Montez, Anlaß zur Revolution von 1848, durch die Ludwig I. gezwungen wurde, auf den Thron zu verzichten.

Nordwand, links

1 Friederica Catharina, genannt Wilhelmine Sulzer, verh. Schneider (geboren 1820), gemalt 1838
2 Lady Emily Milbanke, geb. Lady Mansfield (1822–1870), gemalt 1844
3 Marianna Marchesa Florenzi, geb. Gräfin Baccinetti (1802–1870), gemalt 1831
4 Regina Daxenberger, verh. von Fahrenbacher (1811–1872), gemalt 1829
5 Lady Jane Ellenborough (1807–1881), gemalt 1831
6 Amalie von Schintling (1812–1831), gemalt 1831

Nordwand, rechts

1 Mathilde Freiin von Jordan, verh. Gräfin von Beust (1817–1886), gemalt 1837
2 Elise List, verh. Pacher von Theinburg (1822–1893), gemalt 1844
3 Charlotte von Hagn, verh. von Owen (1809–1891), gemalt 1828
4 Irene Markgräfin von Pallavicini, verh. Gräfin Arco-Steppberg (1811–1877), gemalt 1834

Amalie von Schintling
Schönheitsgalerie König Ludwigs I.
(Raum 15)
J. Stieler, 1831

5 Lady Therese Spence, geb. Renard (geboren 1815), gemalt 1837
6 Helene Sedlmayr, verh. Miller (1813–1898), gemalt 1831

Südwand, links

1 Josepha Conti, geb. Reh (1822–1910), gemalt 1844
2 Carlotta Freiin von Breidbach-Bürresheim, verh. Gräfin Boss-Waldeck (1838–1920), gemalt 1861
3 Caroline Lizius, verh. Stobäus (1825–nach 1904), gemalt 1842
4 Caroline Gräfin von Holnstein aus Bayern, geb. Freiin von Spiering (1815–1859), gemalt 1834
5 Lady Jane Erskine, verh. Callander (1818–1846), gemalt 1837
6 Antonia Wallinger, verh. von Ott (1823–1893), gemalt 1840

Südwand, rechts

1 Creszentia Prinzessin von Öttingen-Öttingen-Wallerstein, geb. Bourgin (1806–1853), gemalt 1833
2 Sophie Erzherzogin von Österreich, geb. Prinzessin von Bayern, Schwester König Ludwigs I. (1805–1872), gemalt 1841
3 Nanette Kaula, verh. Heine (1812–1877), gemalt 1829
4 Catharina Botzaris, verh. Karadjas (1820–1875), gemalt 1841
5 Friederike Freiin von Gumppenberg, verh. Freifrau von Gumppenberg (1823–1916), gemalt 1843
6 Marie, Königin von Bayern, geb. Prinzessin von Preußen, Mutter König Ludwigs II. (1825–1889), gemalt 1843

Westwand, links

1 Maximiliane Borzaga, verh. Krämer (1806–1837), gemalt 1827
2 Auguste Ferdinande Prinzessin von Bayern, geb. Erzherzogin von Österreich, Gemahlin des Prinzregenten Luitpold von Bayern (1825–1875), gemalt 1845
3 Caroline Gräfin von Waldbott-Bassenheim, geb. Prinzessin von Öttingen-Öttingen-Wallerstein (1824–1889), gemalt 1843
4 Alexandra Amalia Prinzessin von Bayern, Tochter Ludwigs I. (1826–1875), gemalt 1845
5 Lola Montez, geb. Gilbert (1818–1862), gemalt 1847
6 Maria Dietsch, verh. Sprecher (1835–1869), gemalt 1850

Westwand, rechts

1 Rosalie Julie Freifrau von Bonar, geb. Freiin von Wüllersdorf-Urbair (geboren 1814), gemalt 1840

2 Amalie Freifrau von Kruedener, geb. Gräfin von Lerchenfeld, später verh. Gräfin von Adlerberg (1808–1888), gemalt 1828

3 Auguste Strobel, verh. Hilber (1807–1871), gemalt 1827

4 Isabella Gräfin Tauffkirchen-Guttenberg-Engelburg, verh. Gräfin Kwilecky (1808–1855), gemalt 1828

5 Anna Hillmayer (1812–1847), gemalt 1829

6 Cornelia Vetterlein, verh. Freifrau von Künsberg (1812–1862), gemalt 1828

16 Maserzimmer

Das gegen 1810 eingerichtete Zimmer hat eine (bei der Restaurierung 1959/60) erneuerte grüne Seidenbespannung. Zwei Supraportengemälde mit pompejanischen Motiven.

Gemälde: Porträts König Ludwigs I. und seiner Gemahlin Therese, von Heinrich W. E. Vogel, 1841, nach Joseph Stieler.

Einrichtung: Sekretär, Schreibtisch, Konsoltische und Sitzgarnitur in Kirsch- und Birkenmaser, wohl Wien um 1810.

Tisch, München um 1820/30.

Vier Stühle, München um 1800.

17 Kabinett

Das an das Maserzimmer anschließende Kabinett mit zarter Groteskendekoration von Ambrosius Hörmannstorffer, 1775. Auf der Südseite wurde nach einer Verkleinerung des Raumes die Dekoration nach 1900 in gleicher Art ergänzt.

Einrichtung: Tisch, um 1725.

Pendule, Paris um 1745, mit Chinese und Drache aus vergoldeter Bronze.

18 Kleine Galerie

Die Südliche Galerie setzt sich fort in der Kleinen Galerie des südlichen Pavillons mit Blick auf die Kleine Kaskade des Kabinettsgärtchens.

Gemälde. An den Seitenwänden zwei große Stilleben aus dem Umkreis des Jan Fyt, Mitte 17. Jahrhundert.

Porträt der Anna Greiner, Friedrich Dürck, 1861. – Porträt der Carlotta von Breidbach-Bürresheim, Friedrich Dürck, 1861.

Einrichtung: 2 Tische, mit Löwenkopfmasken und roten Marmorplatten, um 1775.

19 Blauer Salon

Die blaue Seidenbespannung des von Andreas Gärtner gestalteten Zimmers wurde bei der Restaurierung 1959/60 nach dem alten Vorbild erneuert.

Gemälde: Porträt König Max I. Joseph, München um 1810.

Einrichtung: Zur ursprünglichen Ausstattung gehören Konsoltische, Kommoden und eine Sitzgarnitur um 1810, ein Tischchen mit reicher ägyptisierender Einlegearbeit, Paris um 1810.

2 Porzellanvasen mit Schlachtenbildern (Lofer, November 1805 und Austerlitz, Dezember 1805), Paris 1806 oder 1810.

20 Schlafzimmer der Königin

Das gleichzeitig mit dem Blauen Salon von Andreas Gärtner eingerichtete Zimmer hat eine bei der Restaurierung 1959/60 nach dem alten Vorbild erneuerte grüne Seidenbespannung. Zwei Supraportengemälde mit pompejanischen Motiven.

In diesem Raum wurde am 25. August 1845 König Ludwig II. von Bayern (reg. 1864–1886) geboren.

Einrichtung: Bett, Kommoden, Spiegel, Tisch und Sitzgarnitur in Mahagoni mit Bronzebeschlägen, um 1810.

Portaluhr mit 4 schwarzen Säulen, auf dem Kaminsims

Gipsbüsten: Kronprinz Ludwig und Prinz Otto von Bayern, Johann Halbig, modelliert 1850.

Schlafzimmer der Königin (Raum 20)
Geburtsort König Ludwigs II. von Bayern

21 Schloßkapelle

(Eingang vom Ehrenhof aus in den zweiten nördlichen Pavillon; im Sommerhalbjahr zu den Öffnungszeiten des Schlosses zugänglich)

Die im zweiten nördlichen Pavillon, dem sogenannten Kapellenstock, gelegene Schloßkapelle wurde ab 1702 nach den Plänen Henrico Zuccallis durch Antonio Viscardi begonnen. Sie besteht im wesentlichen aus einem zweieinhalb Geschosse hohen, steingewölbten Rechteckraum, dem nördlich eine Altarapsis angefügt ist, über der eine Sänger- und Orgelempore mit Flachdecke liegt, die der Kurfürst in dieser Form gefordert hatte. Im Süden Empore für die Kavaliere im ersten Obergeschoß. Im Westen über die Länge von drei Fensterachsen das für eine Hofkirche obligatorische, durch Fenster geschlossene Oratorium des Kurfürsten über einem niedrigen Seitenschiff. Darüber ein zweites Oratorium.

Aufgrund des Spanischen Erbfolgekrieges wurde der Bau (es waren erst die Hauptmauern und das Dach ausgeführt) für mehr als ein Jahrzehnt unterbrochen. Kurfürst Max Emanuel gab aus dem Exil den Befehl, bis zu seiner Rückkehr den Kapellenraum in einfacher Form fertigzustellen. Bei der Weihe im Oktober 1715 war der Raum mit korinthischer Pilastergliederung und einfachem Stuck an der Decke und einer reich gestalteten Stuckdecke im Oratorium des 1. Obergeschosses von F. Marazzi versehen. Vom Hochaltar stand das Grundgerüst in provisorischer Weißfassung. Ebenfalls existierten wohl bereits das Eichenholzgestühl und die Beichtstühle. Letztere zeigen an, daß das Erdgeschoß der Kapelle von Anfang an der Bevölkerung und nicht nur dem Hof zugänglich war. Kirchenrechtlich und faktisch ersetzte nämlich die heutige Schloßkirche eine kleine, bereits im 14. Jahrhundert erwähnte Magdalenenkirche, die weiter südlich stand und 1702 der ersten Schloßerweiterung weichen mußte (s. Abb. S. 4). Wenige Jahre nach der Weihe wurden die Kapellenwände unter der Leitung Joseph Effners reicher stuckiert und der Hauptaltar vollendet. Bis ins späte 19. Jahrhundert erfolgten immer wieder Umformungen und Ergänzungen. Die Kirche wurde 1987/91 grundlegend restauriert; aus dieser Zeit stammt auch das rückwärtige Schutzgitter.

Die Gewölbe freskierte der Tiroler Joseph Mölck; er signierte mit

Die Nymphenburger Schloßkapelle im zweiten nördlichen Pavillon

St. Magdalena als Büßerin, Deckenbild in der Schloßkapelle von J. Mölck, 1759

»Joseph Mölckh Churfürstl: / Cammer = Mahler / 1759«. Das rückwärtige Bild zeigt die büßende Magdalena, das Hauptbild schildert das Gastmahl im Hause des Pharisäers Simon. In den Gewölbezwickeln Darstellungen der Vier Evangelisten. Die übrigen Gewölbezwickel und die Stichkappen ziert ornamentale Malerei.

Am Altar, der das Allianzwappen Bayern-Polen trägt (Therese Kunigunde, die zweite Gemahlin Max Emanuels, war eine Tochter des Polenkönigs Johann Sobieski), vollplastisch geschnitzte Gruppe: Christus begegnet der Maria Magdalena als Gärtner. Die sehr qualitätvollen Bildwerke, die im 18. Jahrhundert vorübergehend weiß gefaßt waren, erhielten ihre jetzige farbige Fassung um 1860. Die lebensgroße Figurengruppe, die zweifellos aus dem ersten Drittel des 17. Jahrhunderts stammt, wird mit Christoph Angermair (gest. 1632 oder 1633) in Verbindung gebracht. Sie galt bislang als Werk des Bildhauers Andreas Faistenberger. Dem Altar vorgesetzt wurde um 1750/60 der von seitlichen Reliquienschreinen eingefaßte Tabernakel in Spätrokokoformen, reich vergoldet, vermutlich von François Cuvilliés d. Ä. entworfen und im Umkreis des Ignaz Günther ausgeführt.

In der Seitenkapelle Altaraufsatz (wohl nach Entwurf Joseph Effners) mit Darstellung des hl. Hubertus, gemalt von Johann Kaspar Sing. Der gesamte Aufsatz wurde angehoben, als um 1735/40 der Reliquienschrein mit der Inschrift »St. PROTHI M.« eingefügt wurde. Am Schrein reich verziertes geschnitztes und vergoldetes Rahmenwerk mit zwei Putten, um 1740, stilistisch dem Werk des Joachim Dietrich zuzuweisen. – Große Steinskulptur des hl. Johannes v. Nepomuk, 1732 zunächst vor dem Johannis-Brunnhaus am nördlichen Seitenflügel des Schlosses aufgestellt, 1828 in die Kirche übertragen. – Vor der Altarmensa im Boden eingelassene Grabplatte des letzten Familienmitgliedes der früheren Schwaigebesitzer Gaßner.

Das Relief an der Kanzel von Konrad Eberhard, im frühen 19. Jahrhundert hinzugefügt, stellt die Bergpredigt dar. – Taufstein, zahlreiche Gemälde und Kreuzweg aus dem 18. Jahrhundert, teilweise mit prächtigen Rahmen. Heutige Orgel von 1859/60.

Am Pfeiler gegenüber der Kanzel ein Messingkreuz mit Strahlenkranz und Elfenbeinskulptur des Gekreuzigten, 18. Jahrhundert, ursprünglich in der Herzog-Max-Burg in der Münchner Altstadt. – Darunter Schmerzensmutter, 19. Jahrhundert.

Landschaftsgarten mit Brücke bei der Pagodenburg

DER PARK

Die Parkanlage kann in einem großen Rundgang, der im folgenden beschrieben ist, begangen werden. Er beginnt südlich der rückwärtigen Freitreppe und endet nördlich beim Eingang in den Park. Zur Besichtigung der Parkburgen kann auch ein kleiner Rundgang in der Abfolge Amalienburg, Badenburg, Pagodenburg, Magdalenenklause gewählt werden. Die Parkburgen sind auf den Seiten 67 bis 102 beschrieben.

BLICK VON DER FREITREPPE

Von der rückwärtigen Freitreppe des Schlosses umfassender Blick über die rund 200 ha umfassende Gesamtanlage des Parks mit Großem Parterre, dem Hauptkanal mit abschließender Kaskade (in Richtung des Kirchturms von Pipping) und den beiden schrägen Durchblicken (gegen Blutenburg und Pasing) des ehemaligen Barockgartens. An den Endpunkten der Achsen sogenannte »Ahas«, die durch Versenkung der überwiegend 1730/40 errichteten Umfassungsmauer die »äußere Landschaft mit der inneren in Harmonie und Verbindung setzen« (Sckell, 1809). Beiderseits des Mittelkanals die von Friedrich Ludwig Sckell im englischen Gartenstil umgewandelten Gartenteile mit malerischen Seen, dem Badenburger See in der südlichen und dem Pagodenburger See in der nördlichen Hälfte. Auf der Seite der Badenburg »natürlich« gestalteter Wasserlauf mit »Pflanzungen«, die den aus dem See fließenden Kanalarm »überhängen und zieren« (Sckell, 1809). An der Rückseite der Pagodenburg als Abfluß des Sees gewundener, idyllischer Bachlauf (»serpentine«). Unmittelbar vor der Gartenfront des Schlosses das Große Parterre in der vereinfachten Form des Barockgartens mit Rasenflächen und mit Rabatten an den Rändern. – Als Blickpunkt (»point de vue«) vom Schloß aus die Große Kaskade (siehe Seite 62 bis 65).

GROSSES PARTERRE

An den seitlichen Wegen des Parterres Götterfiguren und Vasen in weißem Sterzinger Marmor (1769 ff.):

An den Endpunkten Marmorvasen mit Puttenszenen von Roman Anton Boos, 1788–1798. – Figuren am Mittelweg, links: Kybele, die Erdgöttin, mit Mauerkrone und Spaten, ausgeführt von Giovanni Marchiori; gegenüber: Saturn mit Kind, ebenfalls von Marchiori (beide bezeichnet an der Plinthe OP: JOANNIS MARCHIORI). – Links: Jupiter mit Adler und Donnerkeil nach Modell Ignaz Günthers, 1765; gegenüber: Juno mit Pfau und Spiegel nach Modell Johann Baptist Straubs, 1765; beide ausgeführt von Dominikus Auliczek, 1772. – Hinter dem Bassin, links: Proserpina mit Zepter und Eule Ascalaphus; rechts: Pluto mit Cerberus und (später falsch als Dreizack ergänzter) Gabel; beide nach Modellen des Hofbildhauers Johann Baptist Straub (1772), von Dominikus Auliczek 1778 vollendet. – Am südlichen Rand des Parterres, in der Reihenfolge vom Park zum Schloß: Bacchus mit Kelch und Satyrknaben, von Roman Anton Boos, 1782; Venus mit Cupido und Apfel; Merkur mit Stab und Hahn; beide 1773 bei Ignaz Günther in Auftrag gegeben, vollendet von Roman Anton Boos, 1778. – Am nördlichen Rand des Parterres, in der Reihenfolge vom Schloß zum Park: Diana mit Köcher und Jagdhund; Apollo mit Lyra; beide von Roman Anton Boos, 1785 (Dianagruppe am Halsband des Hundes bez. R. A. BOOS); Ceres mit Ährenbündel und Sichel, von Roman Anton Boos, 1782. – Die beiden Löwen mit kurbayerischem Wappen an der Freitreppe von Roman Anton Boos, 1775 (1972 durch Kopien ersetzt).

SÜDLICHER KABINETTSGARTEN

Bei den Pavillonbauten Zuccallis mit den Appartements des Kurfürsten bzw. der Kurfürstin legte man im frühen 18. Jahrhundert sogenannte Kabinettsgärtchen – »giardini secreti« – achsial nach Süden und Norden an. Im südlichen Gärtchen, das unter Max Joseph zu Beginn des 19. Jahrhunderts von Friedrich Ludwig Sckell in ein Landschaftsgärtchen umgewandelt wurde, sind zwei Bauten des 18. Jahrhunderts erhalten: die Kleine Kaskade sowie das Vogelhaus.

Kleine Kaskade. Sie wurde 1764 von François Cuvilliés d. Ä. entworfen und von seinem Sohn, François Cuvilliés d. J., 1768 vollendet. Die klassizistische Architektur des Hintergrunds entstand im frühen 19. Jahrhundert. In der Mittelnische befand sich ursprünglich eine Replik der berühmten Venus Italica von Antonio Canova, heute in der Residenz München. Statt dessen jetzt eine Kopie der 1874 in Rom gefundenen »Venus vom Esquilin«. Die seitlichen Steinskulpturen: Leda mit dem

Barocke Marmorstatute im Schloßpark

Südlicher Kabinettsgarten mit Vogelhaus von F. Cuvilliés d. Ä., 1751–1757

Schwan und Satyr mit dem Bacchusknaben, beide bezeichnet: Konrad Eberhard, Rom 1810 bzw. 1812. Vor der Kaskade Gruppe von zwei Figuren: Diana eilt auf Endymion zu. Beide bezeichnet: Konrad Eberhard, Rom 1820 (derzeit deponiert).

Vogelhaus. Achteckiger, ursprünglich beheizbarer Pavillon. Die Vorliebe für exotische Vögel veranlaßte Max III. Joseph zum Bau eines »Canarihauses« in der Nähe seiner Wohnräume. Der 1751 begonnene Bau wurde von François Cuvilliés d. Ä. entworfen und wahrscheinlich 1757 vollendet. Die mehrfach (zuletzt 1974) erneuerte Fassadenbemalung stammt von Ambrosius Hörmannstorfer, der bis 1753 die Faßmalereien im Münchner Alten Residenztheater verfertigte. Die ebenfalls von ihm besorgte Innenbemalung des Vogelhauses ist zerstört. Wie Reste erkennen lassen, waren die Ecknischen als Spaliere gedeutet. In der Mitte des Raumes befand sich früher ein Brunnen mit rundem Bassin. 1752 wurde der Münchner Hofbildhauer Johann Baptist Straub für ein bleiernes Bassin mit vier Muscheln entlohnt, das er für das Vogelhaus verfertigt hatte. – Im frühen 19. Jahrhundert fanden am Vogelhaus Veränderungen statt.

»Ludwigsgärtchen« mit hölzerner Brücke und Pavillon

Max IV. Joseph, der spätere König Max I., hatte seine im Erdgeschoß gelegene Wohnung in unmittelbarer Nähe des südlichen Kabinettsgartens, der zu seinen Lieblingsaufenthalten zählte. Seltene Tiere und exotische Pflanzen bereicherten den kleinen Garten. Im Bassin der Kaskade hielt er zwei schwarze Schwäne. (Das Gärtchen ist nicht zugänglich.)

GARTENPAVILLON IM »LUDWIGSGÄRTCHEN«

In der Nähe der elterlichen Wohnung und im Anschluß an den südlichen Kabinettsgarten wurden um 1800 für die Kinder der kurfürstlichen Familie separate Gärtchen mit Sommerhäuschen etc. angelegt. Der größte Garten, das am Weg zur Amalienburg gelegene »Ludwigsgärtchen«, war für den Kur- und späteren Kronprinzen Ludwig bestimmt. Der kleine, eingezäunte Landschaftsgarten besitzt eine vom Parkkanal gespeiste Quelle, die aus einem Felsen hervorsprudelt, einen Bachlauf sowie einen Teich. Der hölzerne Pavillon des Gärtchens wurde seinerzeit als »Sommerhaus des Herrn Kronprinzen K. Hoheit« bezeichnet.

Der Hauptteil des aus Holzfachwerk errichteten Gebäudes besteht aus zwei übereinander angelegten oktogonalen Räumen, die über den vorgesetzten Bauteil durch eine Treppe verbunden sind. Dem oberen Salettl, dessen Decke die flache, mit einem Halbmond bekrönte Außenkuppel nachzeichnet, ist eine balkonartige Galerie vorgesetzt. Die Verbretterung der Fassaden ist steinartig gestrichen, die Bemalung des Vorbaues täuscht einen ruinösen Ziegelbau vor (deswegen »Hexenhäuschen« genannt). Die Innenräume sind mit handbedruckten, inzwischen restaurierten Tapeten aus der Bauzeit ausgestattet.

Der Pavillon mit seinen beiden Salons dürfte von der ganzen kurfürstlichen, später königlichen Familie benutzt worden sein. Der 1799 ff. errichtete Bau erinnert, nicht zuletzt wegen seiner Schiebfenster, an englische Gartenhäuser dieser Zeit.

Restaurierung 1980/83. (Der Pavillon ist nicht zugänglich.)

AMALIENBURG

(Text Seite 67 bis 81)

EHEMALIGE MENAGERIE

Zwischen Amalienburg und Badenburg an der Parkmauer gelegener erdgeschossiger Bau mit Mansarddach. Das Gebäude wurde von Kurfürst Max III. Joseph für eine Goldfasanerie bestimmt und unter König Max I. zu einer Menagerie erweitert, zu der ursprünglich im südlichen Gartenbereich weitere Bauten gehörten. (Nicht zugänglich.)

Landschaftsgarten beim Pagodenburger See

HÄUSERGRUPPE MIT »GRÜNEM BRUNNHAUS«

Am Weg zur Badenburg liegt nahe der ehemaligen Menagerie eine Häusergruppe, die noch aus dem 18. Jahrhundert stammt. Die malerische Gruppe kleiner Häuschen (»Dörfchen«) war ein beliebtes Motiv des Barockgartens. (Die Anlage ist nicht zugänglich.)

Das zweigeschossige Haus in der Mitte, das »Grüne Brunnhaus«, wurde 1762 angelegt und 1803 verändert. Bis dahin erhoben sich auf den Seitentrakten anstelle des Walmdachs zwei hohe, obeliskenartige Wassertürme, die bei der Einführung gußeiserner Druckrohrleitungen überflüssig geworden waren. Das Gebäude enthält von Joseph Baader 1803/1804 bzw. 1817 konstruierte Pumpenanlagen, die heute noch die große Fontäne im Gartenparterre betreiben. Beide Maschinen sind frühe Meisterwerke der Technik. Ausführung: Hofbrunnenmeister Franz Höß. Am glockenförmigen Windkessel der älteren Maschine auf der Westseite folgende (zentrierte) Inschrift: MAXIMILIANI

Landschaftsgarten beim Badenburger See

IOSEPHI IV. / ELECTORIS / IVSSV et AVSPICII / construxit / IOSEPHVS BAADER / inventor / M D CCC III (1803). – An einem Meßinstrument der Maschine auf der Ostseite: Frz: Höss kgl. Hofbrunnen-Meister in München / 1851.

(Die zweite große Fontäne im Rondell vor dem Schloß wird durch ein Werk im Johannis-Turm des Orangeriegebäudes betrieben. Konstruiert von Joseph Baader 1807, errichtet von Franz Höß 1808, Jahreszahl im Sockel. 1835 von Höß in Gußeisen erneuert. – 1974/75 instandgesetzt.)

Nahe der Häusergruppe befanden sich zwei Bassins mit Häuschen für Biber, die Max III. Joseph 1754 hier einsetzen ließ. – Bei der Brücke über den Kanal Kastenschleuse, die 1765 unter Max III. Joseph für die Schiffahrt angelegt wurde.

BADENBURG

(Text Seite 82 bis 89)

GRUPPE DES PAN

Am östlichen Ende des Badenburger Sees, beim Weg zur Pagodenburg, ließ König Max I. Joseph auf einem künstlich angelegten Felsen, an dessen Fuß eine Quelle entspringt, die Gruppe des flötenden Pan mit Ziegenbock aufstellen. Das aus Marmor gearbeitete Bildwerk wurde 1815 von Hofbildhauer Peter Lamine geschaffen. Eine ähnliche Gruppe von Lamine im Schloßpark von Schwetzingen, 1774.

MONOPTEROS

Auf einer weit vorspringenden Landzunge am Nordufer des Badenburger Sees gelegen, ist dieses Gebäude fast überall vom Seeufer aus zu sehen. Ursprünglich stand hier ein nach dem Vorbild des Vestatempels in Tivoli errichteter Rundtempel aus Holz, der zehn ionische Säulen hatte. In der Mitte befand sich ein Bildwerk des Apollo. Diese Anlage ging auf Friedrich Ludwig Sckell zurück. Auf Anordnung König Ludwigs I. legte Leo von Klenze am 23. Februar 1862 einen Entwurf für den jetzigen Monopteros vor. Die Ausführung durch »Hofbaukondukteur« Carl Mühlthaler zog sich jedoch bis 1865 hin. Der aus graugelbem Sandstein erbaute Rundtempel ist am Fries unter dem Hauptgesims und im kassettierten Kuppelgewölbe in antiker Manier mit Ornamenten bemalt. Die Stele in der Mitte des von korinthischen Säulen getragenen Tempels hat folgende, ehemals vergoldete Inschrift:

> CHURFUERST MAXIMILIAN / EMANUEL LEGTE DIESEN GARTEN IM FRANZOESISCHEN / STYL AN IM LETZTEN VIERTEL / DES XVII IAHRHUNDERTS, UMGEAENDERT IM / ENGLISCHEN VOM / KOENIG MAXIMILIAN IOSEPH / IM ERSTEN DES XIX. / DESSEN ZUM ANDENKEN DIESES DENKMAL VON / LUDWIG I., KOENIG VON BAYERN / M D CCC LXV.

GROSSE KASKADE

1717 von Joseph Effner noch unter Max Emanuel angelegt. Marmorverkleidung aus der Zeit Max III. Josephs, 1769. Der Skulpturenschmuck in der heutigen Anordnung wurde erst im späten 18. Jahr-

Monopteros am Badenburger See
L. v. Klenze und C. Mühlthaler, 1862–1865

»Große Kaskade« im Nymphenburger Park mit den Figuren »Donau« und »Isar« von G. Volpini, 1715–1717

hundert zusammengestellt, teilweise aus Schleißheimer Beständen. Die liegenden Figuren, Flußgott und Quellnymphe, versinnbildlichen Donau und Isar, von Giuseppe Volpini, 1715–1717. Das untere Figurenpaar von Giuseppe Volpini: Minerva mit Eule, 1718–21 und Herkules mit Löwe, 1722–23 (1998 durch Marmorkopien von F. Leschinger und A. Geith ersetzt), Flora und Windgott Äolus, um 1725; von Roman Anton Boos: Mars mit Schwert und Schild, Minerva mit Speer und Schild – beide zunächst bei Ignaz Günther in Auftrag gegeben –, Thetis mit Delphin, nach Modell Charles de Groffs 1765, ausgeführt 1775, und von Guillaume de Groff: Neptun mit Seepferd, 1737.

PAGODENBURG – MAGDALENENKLAUSE

(Text Seite 90 bis 97 bzw. Seite 97 bis 102)

DIE GEWÄCHSHÄUSER

Nördlich des Großen Parterres liegen in separaten Ziergärten drei Pflanzenhäuser, die König Max I. nach Plänen von Friedrich Ludwig Sckell, der sich an englischen Vorbildern orientierte, errichten ließ. Sie trugen dem gesteigerten Interesse des frühen 19. Jahrhunderts an der Botanik und der besonderen Vorliebe des Königs für tropische Pflanzen Rechnung. Die Nymphenburger Pflanzenhäuser zählten in ihrer Zeit zu den modernsten in Deutschland und sind deshalb von hohem historischem Wert. Die ganze Anlage mit den in einer Fluchtlinie liegenden Gebäuden und den vorgelagerten Ziergärten ist ein vorzügliches Beispiel für die schlichte, monumentale Gesinnung klassizistischer Kunst.

»Eisernes Haus«. Das früheste der drei Pflanzenhäuser, 1807 vollendet. Der vorwiegend aus Glas und Eisen bestehende Mittelteil des galerieartigen Gebäudes war ursprünglich eine Holz-Glaskonstruktion, die 1867 abbrannte. Carl Mühlthaler baute den Pflanzentrakt als Stahlkonstruktion wieder auf und verbreiterte dabei den Nordteil. Bemerkenswert war dabei nicht zuletzt die frühe Form einer Doppelverglasung. Das Haus nahm Pflanzen aus Japan, China, Indien, Australien, Südamerika und Afrika auf. Die Eckpavillons enthielten Salons für den König. Durch die Anordnung der Bauteile, Schmuck am Äußeren etc. geht dieses Haus

über einen Zweckbau hinaus. Über dem westlichen Portal Inschrift: VERE FRVOR SEMPER / FLORAE NITIDISSIMVS HORTUS. (Wahrhaft immer zu genießen ein üppiger Garten der Flora). Über dem östlichen Portal: FLORAE AVSTRALI / SACRVM. (Heiligtum der südlichen Flora). – Gartenparterre mit kreisrundem Bassin und Brunnenskulptur von Peter Lamine, 1816.

Gewächshaus mit Mittelpavillon (heute »Geranienhaus«). 1816 vollendet, baulich im ursprünglichen Zustand. Zur Aufzucht junger Pflanzen bestimmt. Die Konstruktion der »lichtvollen Pflanzenräume« beruht auf Sckells eigenen Versuchen und Studien. Das Haus erhielt vorne eine Glasfront und nach hinten eine im Viertelkreis gewölbte, bis zum Boden reichende Decke, »damit sie mehr Lichtstrahlen aufzunehmen und diese wiederum auf die Pflanzen zu reflektieren im Stand ist.« – Vor dem Gewächshaus halbkreisförmiger Ziergarten mit vier Sandsteinfiguren: Urteil des Paris (Paris, Venus, Juno, Minerva) von Landolin Ohnmacht, Straßburg, 1804–1807. In der Mitte kreisrundes Bassin mit Brunnenskulptur von Johann Nepomuk Haller nach Modell von Peter Lamine, 1818.

»Palmenhaus«. Dieses (heute als Café dienende, erneuerte) Pflanzenhaus wurde 1820 gebaut und enthielt vorwiegend Palmen sowie große Pflanzen aus »Neuholland«. 1830 wurden die von Sckell eingebauten eisernen Öfen durch die erste Warmwasserheizung in Deutschland ersetzt. Das Gebäude wurde zur Gänze 1965–68 erneuert und dabei die Zahl der nordseitigen Fenster vermehrt, der Pflanzensaal verschmälert. – Im davorliegenden Blumenparterre kreisrundes Bassin mit Wasserglocke.

NÖRDLICHER KABINETTSGARTEN

Der Südseite entsprechend wurde auch bei den beiden Pavillons der Nordseite des Schlosses ein Kabinettsgarten angelegt. Dieses in französischem Stil gestaltete Gärtchen besaß ursprünglich einen umlaufenden Laubengang mit Marmorbüsten auf Hermensockeln. Als Meister der Bildwerke, die noch an Ort und Stelle erhalten sind, kommen die Hofbildhauer Max Emanuels in Betracht. (Nicht zugänglich.)

DIE PARKBURGEN

Um die Parkburgen in der Reihenfolge Amalienburg, Badenburg, Pagodenburg, Magdalenenklause zu besichtigen, kann der kleine Rundgang gewählt werden, der dem großen bis zur Badenburg folgt. Von der Badenburg führt eine direkte Verbindung über den mittleren Kanal zur Pagodenburg.

AMALIENBURG

Unter Karl Albrecht für die Kurfürstin Maria Amalia als Jagdschlößchen 1734–1739 erbaut. Als Architekt des Schlößchens ist François Cuvilliés d. Ä. bezeugt. Erdgeschossiges Gebäude in Gestalt eines »Trianon« auf länglichem Grundriß, in dem der erhöhte mittlere Kuppelraum auf der einen Seite konvex vorspringt, während auf der anderen Seite durch die vorspringenden Flügel ein eingeschwungener kleiner Ehrenhof (früher durch eine vorschwingende, von einem Rasenstreifen gerahmte Fläche mit Mittelrampe abgeschlossen) angedeutet wird. Die Attika war ehemals von 16 Vasen (nach Modell Johann Baptist Zimmermanns) bekrönt, die 1991 rekonstruiert wurden. Am Außenbau zurückhaltende Dekoration. Über dem Hauptportal graziöse Gruppe der Jagdgöttin Diana von Johann Baptist Zimmermann. In den Rundnischen Satyrbüsten. Die Bedeutung der Innenausstattung liegt in der beispiellosen künstlerischen Einheit der Raumflucht und im Reichtum der Dekoration. Stukkator war Johann Baptist Zimmermann; als Schnitzer ist Joachim Dietrich verbürgt und als Urheber der zarten dekorativen Bemalung Joseph Pascalin Moretti.

Die beinahe vollplastischen Figuren über dem Hauptportal und am Deckengesims des Mittelsaals, sowie insbesondere die höfisch-eleganten figürlichen Bestandteile an den Vertäfelungen des Schlafzimmers gehen über das Übliche im dekorativen Sinn hinaus. Diese Feststellung und die archivalische Nachricht, daß Egidius Verhelst d. Ä. 1735–39 in

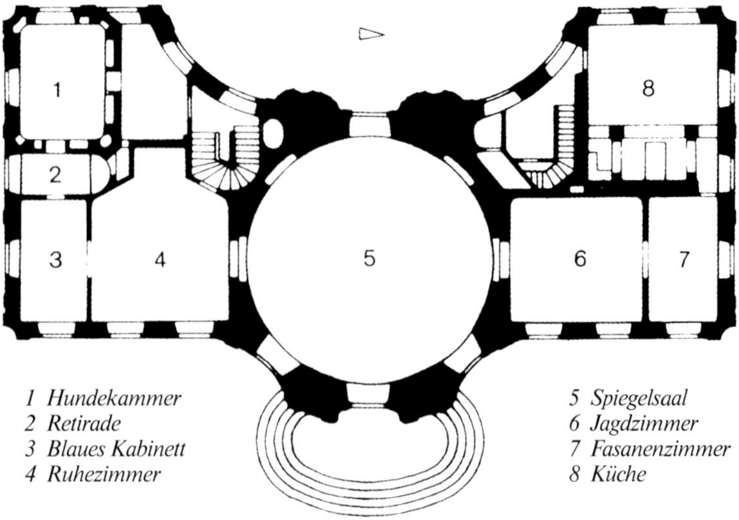

Erdgeschoß der Amalienburg

den »fürtrefflichsten Gebäuden« zu Nymphenburg tätig war, gaben zu der Vermutung Anlaß, Verhelst oder seine Werkstatt seien an der figürlichen Plastik der Amalienburg »beteiligt« gewesen. Archivalisch verbürgt ist für den gleichfalls noch unter Max Emanuel aus den Niederlanden berufenen Bildhauer und »Hofzieratenschneider« Wolfgang Jakob Gerstens die Lieferung »unterschiedlicher Arbeit« in die Amalienburg. Seinen Stil dürften die überreich geschnitzten, versilberten Konsoltische des Spiegelsaals erkennen lassen.

Heute steht die Amalienburg – ebenso wie die anderen Parkburgen – in dem von Friedrich Ludwig Sckell angelegten Landschaftsgarten. Auf einem Bestandsplan des Nymphenburger Parks von 1755 liegt sie inmitten eines Bosketts auf einem freien Platz, von dem acht Wege zwischen hohen Heckenwänden sternförmig ausgehen. Von Osten führte eine Fontänenallee auf die Amalienburg zu, durchkreuzt von einer breiten Schneise in der Querachse auf der Linie der großen Parkfontäne. Der auf die Amalienburg zugehende Besucher übersah das gesamte Bauwerk erst von diesem Schnittpunkt aus.

Landschaftsgarten mit Blick zur Amalienburg

Die 1986 nach Befunden wiederhergestellte Fassadenfarbigkeit in zartem Rosaton und Weiß entspricht der Erstfassung von 1736. Die scheinbare Umkehrung der Farbstellung zwischen Außen- und Mittelrisalit ist zwar gemäß der Schichtung der Wand folgerichtig und dennoch ein besonderer optischer Reiz, den Cuvilliés dem zwischen den Heckenwänden hervortretenden Besucher bieten wollte. Die während der Restaurierung 1956/58 aufgedeckten Originaltöne im Inneren des Gebäudes entsprechen den Farbangaben auf dem Grundriß der Amalienburg des François Cuvilliés d. J. von 1771. Danach befand sich die versilberte Dekoration im Spiegelsaal auf weißem Grund (»à fond

Blanc«), wobei offensichtlich die Dekoration der den Raumeindruck beherrschenden Kuppel gemeint ist. Für das Schlafzimmer und das Jagdkabinett wird als Grundfarbe »Gelb« in zweierlei Tönungen angegeben, d.h. strohfarben (»fond Couleur de Paille«) und zitronenfarben (»fond Citron«). – Unter Max III. Joseph fand 1769 bereits eine erste Restaurierung (»Reparierung«) im Lustschloß Amalienburg statt, wobei u.a. der Hofstukkator Franz Xaver Feichtmayr d. J. mitwirkte.

1 Hundekammer

Vertäfelter Raum mit Kojen für die Jagdhunde und mit Gewehrschränken. Die dekorative Bemalung der Wände und Decke in blauer Camaieu-Malerei in »indianischer« Manier von Joseph Pascalin Moretti ahmt holländische Fliesen nach. Zwischen den Zieraten des frühen Rokoko mit Blumen und Früchten viele Jagdmotive. Darunter auch die Eule als Lockvogel. Über den Türen Rehbock- und Fuchsjagd (ein Hund mit dem Monogramm CA = Carl Albrecht). In den Fensterlaibungen haben sich duftig gemalte Landschaften mit Motiven aus dem Nymphenburger Jagdgehege in der originalen Fassung erhalten. – Die abgerundete Ecke des Raumes ist gekachelt und als Ofen ausgebildet.

2 Retirade

Vertäfelung mit Dekoration in Blau und Weiß, dazwischen Blumenstillleben mit Tieren von Franz de Hamilton und arkadische Landschaften. Die Rückwand ist als Kommode gebildet, hinter deren Klapptüre der Leibstuhl verborgen ist. In der Nische und an der Decke dekorative Bemalung von Joseph Pascalin Moretti.

3 Blaues Kabinett

Südlicher Eckraum der prunkvollen Flucht von Wohnräumen. An Sockel, Türfeldern und Fensterläden elegant geschnitzte Zieraten in Silber. An der Decke Stukkaturen in Silber. An den Türflügeln zum Eingang des Schlafzimmers prächtig geschnitzte Jagdtrophäen.

Einrichtung: 4 Tabourets und venezianischer Glaslüster aus der Erbauungszeit. Lichtblaue Damastwandbespannung zuletzt 1990 erneuert, ebenso die Vorhänge.

4 *Ruhezimmer*

Die reiche Dekoration der Wände ist auf Gelb (»fond Citron«) und Silber abgetönt. Die Schnitzerei der vertäfelten Wände mit Jagdmotiven – eine der großartigsten dekorativen Schöpfungen des Rokoko – setzt sich unmittelbar fort in den Stuckzieraten der Decken. Von besonderer Vollendung die figürlichen Schnitzereien an der Rückwand der Bettnische. Seitlich der Bettnische Porträts des Kurfürsten Karl Albrecht und der Maria Amalia im Jagdkostüm aus der Werkstatt von George Desmarées.

Einrichtung: Kommodenförmig gestalteter Konsoltisch (Joachim Dietrich nach Entwurf des François Cuvilliés d. Ä.). Hier wie in den folgenden Räumen venezianische Glaslüster aus der Ausstattungszeit.
Die ursprüngliche Kamin-Garnitur bestand aus einer Uhr (Werk bez. Gudin le jeune) mit Pagode und Leuchter mit Hunden des Fô in »blanc de chine« mit Silberbronze-Montierung (Inventar von 1763, z.Zt. deponiert).
Ruhebett »lit en niche« und Vorhänge gemäß Inventarbeschreibungen von 1758 in leicht vereinfachter Form 1991 rekonstruiert.

5 *Spiegelsaal*

Der von einer Flachkuppel überwölbte, kreisrunde Raum ist durch seine einzigartige Dekoration in Silber Höhepunkt der Innenausstattung des Schlosses. Während zuvor die große klassische Ordnung (Pilaster, Säulen, Pfeiler) die Raumgrenze bildete, übernimmt jetzt die Rocailledekoration diese Aufgabe. Die Wand ist in Fenster und Spiegel aufgelöst und damit die Welt des Gartens in den Innenraum hereingenommen. Auf das Jagdvergnügen und die Tafelfreuden beziehen sich die Themen des Deckenstucks mit den vier Götterfiguren Diana, Amphitrite, Ceres und Bacchus. Der Saal diente allgemein für große Gastmähler, Bälle, Konzerte und zur Erholung nach der Jagd.

Einrichtung: In Silber gefaßte Konsoltische mit üppigen Muschelzieraten (Rocaillen) und reich geschnitzte, versilberte Hocker.

Detail vom prunkvollen Schnitzwerk der Wandverkleidung im Ruhezimmer der Amalienburg (Raum 4)

Ruhezimmer mit Porträt des Kurfürsten Karl Albrecht in der Amalienburg (Raum 4)

Dekorationsdetail mit reichen Stuckarbeiten im Spiegelsaal der Amalienburg (Raum 5)

Spiegelsaal der Amalienburg (Raum 5)

6 *Jagdzimmer*

Dekoration der Wände in Silber und Gelb (»couleur de Paille«). – Wandfeste Gemälde in Stuckrahmen mit Fest- und Jagddarstellungen von Peter Jakob Horemans, Tierstücke in der Art Franz de Hamiltons und zwei Darstellungen von Seinelandschaften (St. Cloud bei Paris und Meudon) von Jean Baptiste Feret.

Der durch einen offenen Kamin beheizbare Raum ist als kleine Galerie eingerichtet, wobei die Gemälde nach Art des 18. Jahrhunderts übereinander angeordnet sind.

Verzeichnis der Gemälde, jeweils von links nach rechts:

UNTERE REIHE:

Kaminwand: Seinelandschaft bei Meudon. – Seinelandschaft bei St. Cloud mit Schloßparterre im Vordergrund. Beide gemalt von Jean Baptiste Feret, 1712, zur Erinnerung an das Exil des Kurfürsten Max Emanuel. Ursprünglich in der kleinen Galerie des ersten nördlichen Pavillons.

Jagdzimmer der Amalienburg (Raum 6) mit einer kleinen Gemäldegalerie als Wandschmuck

Ausgangswand (gegen Norden): Flußlandschaft mit wilden Tieren. – Flußlandschaft mit Vögeln. Beide Gemälde in der Art des Franz de Hamilton.

Eingangswand (gegen Süden): Flußlandschaft mit allerlei Vögeln. – Hügellandschaft mit Hirschen und Hasen. Beide Art des Franz de Hamilton.

OBERE REIHE:

Die obere Gemäldereihe ist eine Folge von sechs Darstellungen höfischer Feste und Jagden aus der Regierungszeit des Kurfürsten Karl Albrecht, dem Bauherren des Schlößchens. Die Serie gehört zu den ersten Aufträgen des Kurfürsten an Peter Jakob Horemans (1700–1775) aus Antwerpen. Fünf der Gemälde waren von Anfang an für die 1734–1739 erbaute Amalienburg bestimmt. Das sechste – Falkenbeize am Vogelhaus – kam kurz nach 1770 hinzu. Nach Horemans eigenen Angaben sind auf den sechs Gemälden »in Amallienburg über 200 Portrait« zu sehen.

KAMINWAND:

Karussellrennen des kurfürstlichen Hofes vor Schloß Fürstenried.

Entstanden 1732. Das dargestellte Ereignis gehört zu den Festlichkeiten, die anläßlich der Geburt des Thronfolgers Maximilian Joseph und zum Regierungsantritt Karl Albrechts im Frühjahr 1727 stattfanden: »Den 14. May wurde auf dem Churfl. Lust- und Jagdschloß Fürstenried von denen Durchleuchtigsten Chur- und Fürstlichen Personen, auch dem hohen Adel eine Bauernhochzeit und darauf von der Durchl. Regierenden Churfürstin und Durchl. Herzogin [Maria Anna], auch andren Frauen Zimmeren ein Turnier in schönen hierzu ganz neu verfertigten Wägelein aufgeführet. Beide Durchl. wurden von Ihro Churfürstl. Durchl. und Durchl. Herzog Ferdinand, die übrige aber von denen HHrn. Cavalieren geführt, wobey Ihro Durchl. Churfürstin das Beste mit der Lanzen gewonnen.«

In dem zweispännigen Wagen im Vordergrund Kurfürstin Maria Amalia, kutschiert von Kurfürst Karl Albrecht. Kavalier mit Stange, auf die als Trophäe ein Türkenkopf gespießt ist. – Links daneben Herzog Ferdinand Maria und Maria Anna von Bayern. – Im Hintergrund triumphbogenförmige Festarchitektur, abschließend Schloß Fürstenried. – Zum Karussellrennen erschienen die Damen als »Römerinnen«. Von Kavalieren um die Rennbahn gelenkt, mußten sie mit Lanze und Wurfpfeil das Herz eines Cupido treffen, mit dem Degen ein Huhn verwunden, das im Maul eines Fuchses lag, sowie mit einer Kugel den Schild einer Figur treffen. Die siegreichen Damen erhielten verschiedene Preise.

Turnierrennen auf Hirsche bei Allach am sogenannten Grünen Haus.

Entstanden 1734. Festliche Veranstaltung am 15. Mai 1727: »Den 15. May, als der Löbl. Magistrat und Bürgerschafft der Churfl. Residenz-Stadt München die Huldigung ablegte, wurde zwischen Nymphenburg, Allach und Mosen ein Turnier auf lebendige Thier zwischen zweyen kleinen Wäldchen gehalten .... wobey Ihre Churfl. Durchl. das Beste mit dem Degen und pour la Dame; Ihre Durchl. Herzog Ferdinand aber das Beste mit dem Pfeil; und Ihre Durchl. Herzog Theodor das Beste mit der Lanzen gewonnen.«

Der Reiter auf dem Schimmel im Vordergrund ist vielleicht Herzog Johann Theodor, Fürstbischof von Freising etc. – Bei dem Turnier wurden Rot- und Damhirsche in abgegrenzte Laufgänge getrieben und im Vorbeireiten mit Lanze, Wurfpfeil, Degen und Pistole erlegt. – Im Hintergrund, ähnlich wie auf vorigem Bild, triumphbogenförmige Festarchitektur. – Das »Grüne Haus« war eine der kurfürstlichen Jagdhütten zwischen Moosach und Untermenzing.

AUSGANGSWAND (GEGEN NORDEN):

Parforcejagd unter Kurfürst Karl Albrecht am sogenannten Gelben Haus.

Entstanden 1736. Aufbruch zur Parforcejagd am »Gelben Haus«, nahe Schloß Fürstenried. In der Mitte Kurfürst Karl Albrecht auf hellem Pferd. Rechts von ihm Kurfürst Clemens August von Köln. Links vermutlich Ferdinand Maria und Johann Theodor, die anderen Brüder. – Im Hintergrund das 1734 erbaute »Gelbe Haus«, eine schlößchenartige Jagdhütte, die der Bamberger Baumeister J. M. Küchel beschrieben hat: »Dieß Gelbe hauß hat 4 pavilon, davon in 3en Zimmer seynd, in 4ten die stieg und in der mitte ein Achteckiger Saal, oben finden sich 6 Zimmer; dieß gantze Gebäu ist von Holtz und alle Zimmer mit Papier tapecirt, allzeit eines anders als andere, und an jeden Fenster siehet mann eine allée, so wenigstens ein stund lang ist; in Summa ist dießes bäulein recht hübsch ...«

Kurfürst Karl Albrecht wechselt nach einem Sturz seine Stiefel am sogenannten Blauen Haus.

Entstanden 1738. Die Begebenheit trug sich am 26. November 1734 im Forstenrieder Park zu. Der Kurfürst war bei der Verfolgung eines Keilers über die Würm vom Pferd gestürzt und ins Wasser gefallen. Um den Fluß besser durchwaten zu können, zog er die schweren Reitstiefel aus und ritt barfuß zum »Blauen Haus«, wo er trockene Stiefel und Kleidung anzog.

In der Mitte des Bildes der Kurfürst mit Bediensteten. Dargestellt sind ferner Herzog Johann Theodor und der siebenjährige Kurprinz Max Joseph. Im Mittelgrund rechts besteigt die Kurfürstin Maria Amalia eine Kutsche und daneben wechselt Kurfürst Clemens August von Köln ebenfalls die Stiefel. – Das »Blaue Haus« lag etwa eine Stunde südlich von Maria Eich bei Planegg.

EINGANGSWAND (GEGEN SÜDEN):

Kurfürst Karl Albrecht und Kurfürstin Maria Amalia mit der Hofgesellschaft bei der Falkenbeize am sogenannten Vogelhaus.

Entstanden nach 1741. Die dargestellte Falkenbeize fand am 29. Juni 1741 statt. In der Mitte der Gruppe Kurfürst Karl Albrecht, rechts daneben die Kurfürstin, hinter ihr Herzog Ferdinand Maria. Links von Karl Albrecht Kurprinz Max Joseph, noch weiter links, mit einem hellen Falken auf der Hand, Kurfürst Clemens August von Köln. – Das Vogelhaus zählte zu den beständigen Jagdbauten und stand, der Stadtsilhouette Münchens im Hintergrund nach, nahe bei Schloß Nymphenburg.

Kurfürst Karl Albrecht bei der schweren Jagd am sogenannten Roten Haus.

Entstanden 1739. Die schwere oder deutsche Jagd war eine Hetzjagd zu Pferd auf Bären oder wehrhaftes Schwarzwild. Das Wild wurde von der Hundemeute gestellt und dann vom Jagenden getötet.

In der Mitte des Bildes Karl Albrecht zu Pferd, im Begriff, den von Hunden gestellten Keiler mit dem Degen zu erlegen. Der Kurfürst ist von Familienmitgliedern umgeben. Hinter einer Reitergruppe rechts die Kurfürstin in einer Kutsche. – Das »Rote Haus« lag südwestlich von Pasing an der Würm.

Fensterpfeiler: Vier Gemälde übereinander: Jagdtiere und Jagdstilleben.

Einrichtung: Kommode: Wolfgang Jakob Gerstens nach Entwurf des François Cuvilliés d. Ä.

Versilberte Hocker mit silberdurchwirkten Brokatbezügen, Ausstattungszeit der Amalienburg.

Über dem Kamin kostbare Wanduhr des Pariser Uhrmachers C. P. G. Mesnil aus chinesischem Porzellan der K'ang-hsi-Periode mit Meißner Blumen (z.Zt. deponiert).

7 Fasanenzimmer oder »Indianisches Kabinett«

Gegenstück zum Blauen Kabinett. Die mit geleimtem und grundiertem groben Leinen beklebten Wandfelder in Form großer Holzpanee-

Küche der Amalienburg (Raum 8) mit bunten holländischen Kacheln als Wanddekoration

le enthalten auf hellblauem Grund mehrfarbige Ornamentmalerei in der Art chinesischer Stofftapeten mit eingefügten Darstellungen von Fasanen, einst bereichert durch Teilvergoldungen und -versilberungen in Schlagmetalltechnik. Davon sind nur noch Reste erkennbar; die Farben sind weitgehend verblichen.

Als Schreibkabinett Maria Amalias, in dem ein in »Perlfarb« lakkierter, mit Silberbeschlägen verzierter Schreibtisch stand, war dieser kleinste Raum ursprünglich der farblich reichste des Gebäudes. – An der Decke versilberte Stukkaturen.

8 *Küche*

Als kostbar und künstlerisch gestalteter Küchenraum einzigartig. Wände mit blau-weißen und bunten holländischen Kacheln verkleidet. Die buntfarbigen Fliesen sind zu prächtigen Blumenvasen und zu Szenen aus dem chinesischen Alltag im Stil der chinesischen Vasenmalerei zusammengefügt. Decke und Holzvertäfelungsteile von Joseph Pascalin Moretti mit Chinoiserien in Blau und Weiß bemalt.

Die zu drei mehrfarbigen Blumenvasenbildern zusammengefügten Kacheln dürften aus der Manufaktur »Rose« in Delft stammen. Das Bildmotiv ist fast identisch mit vier mehrfarbigen, aus derselben Manufaktur stammenden Blumenvasen in einem Erdgeschoßraum des Schlosses Rambouillet, Frankreich. Der dortige, 1715–1730 entstandene, ganz mit holländischen Fliesen verkleidete Raum diente vermutlich der Comtesse de Toulouse als Speisezimmer. In der Amalienburg wurden die Kacheln der seltenen mehrfarbigen Fliesengemälde mit chinesischen Szenen beim Versetzen teilweise vertauscht. – Die blau auf weiß gemalten Fliesen der Küche zeigen die üblichen biblischen, mythologischen und landschaftlichen Motive. – Die manganfarbigen Kacheln gliedern die Wände mit gewundenen, umrankten Säulen.

Dieser Raum, direkt neben dem privaten Schreibkabinett der Kurfürstin und nicht etwa im Keller oder im einst südlich der Amalienburg befindlichen Nebengebäude eingerichtet, verdankt seine prächtige Ausstattung vermutlich der Tatsache, daß in ihr, wie es 1763 den Kindern Nannerl und Wolfgang Amadeus Mozart anläßlich einer Besichtigung der Amalienburg erzählt wurde, »Frau Kurfürstin seelig selbst gekocht hat«.

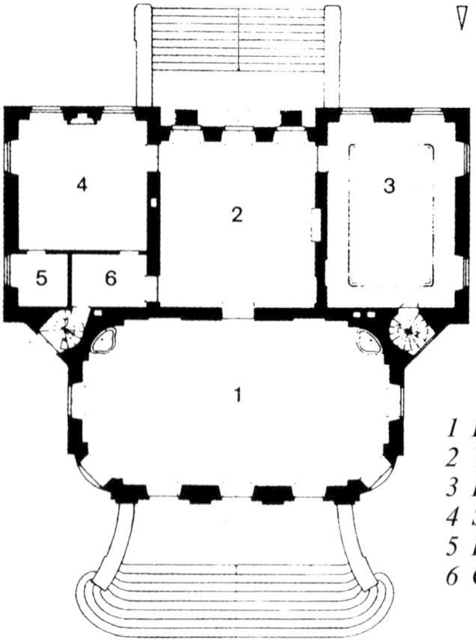

1 Festsaal
2 Vorzimmer
3 Bad
4 Schlafzimmer
5 Kabinett
6 Garderobe

Erdgeschoß der Badenburg

BADENBURG

Gegenüber der als Teepavillon dienenden Pagodenburg liegt im Südteil der Parkanlage die Badenburg, die in ihrer Art einzigartig ist. Sie wurde als Badeschlößchen 1718–21 von Joseph Effner für Kurfürst Max Emanuel errichtet. Die Anregung gaben wohl nicht zuletzt türkische Badehäuser, die der Kurfürst als kaiserlicher Befehlshaber bei den Kämpfen in Ungarn um 1685/86 kennengelernt hatte. Den Grundriß des zweigeschossigen Gebäudes bestimmt der vorspringende große Empfangs- und Festsaal. Das nach Süden anschließende kleine Wohnappartement enthält den durch zwei Geschosse (das Kellergeschoß und das Erdgeschoß des Wohntraktes) geführten, noblen Badesaal. Die Hauptfassade des Gartenbaues schmückten ursprünglich Stukkaturen des französischen Bildhauers und Stukkators Charles Dubut; die Attika bekrönten Bleivasen. Im frühen 19. Jahrhundert wurde die Fassade von Leo von Klenze durch Entfernen des plastischen De-

Ansicht der Badenburg von Nordosten

kors dem herrschenden Geschmack des Klassizismus angepaßt. Im Vordergrund des Badeschlößchens hatte Effner als Teil des geometrischen Gartens und als Auftakt für das Badegebäude einen Terrassengarten mit einem großen Bassin und zahlreichen Fontänen und an der Südseite ein Blumenparterre angelegt. Die Umgebung der Badenburg wurde bei der Umwandlung des Boskettgartens in einen Landschaftsgarten durch Anlage des »natürlichen« Sees und des Löwentals (so genannt nach den beiden Löwen des Charles de Groff, 1769, an der Südtreppe der Badenburg) von Friedrich Ludwig Sckell grundlegend verändert, das Gebäude selbst zur »Staffage« umgedeutet.

Nach Beseitigung von Bombenschäden aus dem letzten Weltkrieg wurde die Badenburg 1975/80 einer durchgreifenden Restaurierung unterzogen. Fast völlig vernichtet war das Deckenbild des Saales von Jacopo Amigoni. Nur Teile der Randfiguren waren erhalten geblieben. Grundlagen für die Erneuerung durch Karl Manninger (1984) waren die Feststellung der in den Freskenresten erhaltenen Farben und eine Farbphotographie aus der Vorkriegszeit. Einen Gewinn für die Ausstattung des Lustschlößchens bedeutet die zufällige Auffindung der alten Papiertapete des Vorzimmers; nach ihrer Restaurierung wurde sie an der ursprünglichen Stelle als Ersatz für eine Seidenbespannung des 19. Jahrhunderts wieder angebracht. – Alle Tapeten in den Räumen der Badenburg wurden 1985 bis 1988 restauriert. Sie wurden auf leinwandbespannte Spezialrahmen montiert.

1 Festsaal

Den durch zwei Geschosse reichenden Saal gliedern die im Rundbogen geschlossenen Fenstertüren und die querovalen Fenster darüber. Die weiß gefaßte Stuckausstattung in üppigen spätbarocken Formen geht auf Charles Dubut zurück. In den Zieraten herrschen Blumen, Früchte und naturalistische Meermuscheln vor, die das Thema der Gartenkunst und des Wassers anklingen lassen. An der Hohlkehle als Füllungen figürliche Reliefs mit Allegorien der Elemente in den Raumecken. Das vielfigurige Deckenbild (nach Kriegszerstörung 1952/53 und abermals 1984 fast vollständig erneuert) stammte von Jacopo Amigoni und war das einzige Deckenbild, das der vor allem mit der Ausmalung der Plafonds in Schloß Schleißheim beschäftigte Italiener in Nymphenburg malte. Die Darstellung mit der Auffahrt des Apollo im Sonnenwagen, der den Dunst der Nacht zur Seite schiebt, ist eine Versinnbildlichung des Morgens. Die Gruppe der badenden Nymphen spielt auf die Bestimmung des Gartenschlößchens an. In den Figurengruppen erkennt man zusätzlich Symbole für die vier Elemente Feuer, Wasser, Erde und Luft. In den südlichen Ecknischen Wandbrunnen mit Tritonkindern auf Delphinen, G. de Groff, 1722.

Der Fußboden im Saal wurde in rotem und weißem Marmor rekonstruiert. Türen, Fenster und Holzpaneele in Natureiche wurden freigelegt.

Brunnenfigur von G. de Groff, 1722

Der lichtdurchflutete Festsaal der Badenburg (Raum 1)

2 *Vorzimmer oder Spielzimmer*

An den Wänden chinesische Papiertapete mit blühenden Zweigen, Blumen, exotischen Vögeln und Schmetterlingen. Durch die Wiederverwendung der alten gedruckten, in Silber konturierten und kolorierten Papiertapete auf Leinwand (wohl ostasiatische Arbeit in europäischem Auftrag, um 1780/90) wurde einer jener reizvollen, im Geschmack der Zeit ausgestatteten Schloßräume des 18. Jahrhunderts mit seiner besonderen Atmosphäre wiedergewonnen. Die Weißfassung der Holzteile geht auf eine Änderung von 1722 zurück. Über dem Kamin war das schöne Gemälde des Sebastien Bourdon, das die Befreiung der an einen Felsen geketteten Andromeda feiert, angebracht. Das Bild wurde 1791 in die Hofgartengalerie in München verbracht und befindet sich heute in der Alten Pinakothek. Heute über dem Kamin ein Bild mit Darstellung eines seltenen weißen Fuchses, geschossen im kurfürstlichen Oberjägeramt Kling am 9.10.1777, gemalt von Joseph Stephan.

Der Steinfußboden ersetzt ein Parkett von ca. 1780.

3 *Bad*

Der prunkvolle Baderaum ist für seine Entstehungszeit ungewöhnlich groß. Das Badebecken liegt im Kellergeschoß. In seinem unteren Teil war es ursprünglich mit Blei belegt. Die Wände über dem Wasserspiegel sind mit blau-weißen »holländischen« Kacheln verkleidet. In Stuck modellierte Büstenkonsolen, unten erneuert, von Charles Dubut tragen die umlaufende Galerie des oberen Raumes. Die prächtige Wandverkleidung des Galerieraumes in schwarzem und rötlichem Stuckmarmor mit den achatfarbenen Füllungen schuf der einheimische Stukkator Johann Georg Bader. Die Stukkaturen der Hohlkehle erneuerte Johann Baptist Zimmermann bereits 1736. Am schmiedeeisernen Gitter des Hofschlossers Antoine Motté der Namenszug des Bauherrn Max Emanuel (ME) mit dem Kurhut. Das dekorative, zartfarbige Deckengemälde (Öl auf Leinwand, 1952 gereinigt und restauriert) ist eine Schöpfung des französischen Malers Nicolas Bertin. Es wurde in Paris gefertigt und gerollt nach München transportiert. Dargestellt sind Brunnenmotive und mythologische Szenen in Grisaillemalerei, die sich auf das Thema des Bades beziehen: Herkules schleudert einen Felsen

Prunkvoller Badesaal in der Badenburg (Raum 3), unten mit holländischen Kacheln als Wandschmuck

gegen die Wassernymphen; Bad der Diana; Leda mit dem Schwan; Europa schwimmt auf dem Stier über den Hellespont.

Der Zutritt zum Bad erfolgt durch eine kleine, an den Wänden verkachelte Treppe. Die Heizanlage mit einem gemauerten Ofen und gewundenen Röhren im Wasserkessel hat sich im Keller erhalten. In den Kellerräumen waren zwei kleine Badeappartements mit je einem Wannenbad und einem Ruheraum sowie eine Küche mit offenem Rauchfang untergebracht (nicht zugänglich).

4 Ehemaliges Schlafzimmer

Chinesische Papiertapete mit »Indianischen mannsgroßen Figuren«, im Inventar von 1769 erstmals erwähnt: Jagdgesellschaft eines hohen Beamten des chinesischen Kaisers. Die darunter entdeckten Reste einer handkolorierten chinesischen Holzschnitt-Tapete aus dem 17. Jahrhundert mit kleinfigurigen Szenen jetzt in Raum 6. Am Kaminspiegel prachtvoll geschnitzter vergoldeter Rahmen von Johann Adam Pichler mit wasserspeienden Neptunmasken, Fabeltieren und Meermuscheln. Von diesem ehemaligen Schlafzimmer aus war das Bad im Kellergeschoß über eine Wendeltreppe unmittelbar zu erreichen.

5 Kabinett

Gemalte chinesische Papiertapete mit kleinfigurigen Szenen aus dem idealisierten chinesischen Alltagsleben (2. Hälfte 18. Jahrhundert, 1954 im Kunsthandel erworben). Decke mit Bandwerkgrotesken und Affen als Allegorien von Wissenschaft und Astronomie. (Zur Zeit wegen Restaurierung geschlossen).

6 Ehemalige Garderobe

Anstelle einer Wandbespannung ist hier die ursprüngliche, unter der jetzigen Tapete des Schlafzimmers erhalten gebliebene und abgelöste Handdrucktapete angebracht. Sie wurde im frühen 17. Jahrhundert in China angefertigt und beim Ersteinbau in die Badenburg an den Nahtstellen der Bildmotive dekorativ ergänzt. Bei den Holzschnitten handelt es sich um sogenannte Neujahrsbilder, die in China anläßlich des Neujahrsfestes hergestellt wurden. Die Holzschnitte illustrieren zum Teil Szenen aus berühmten chinesischen Theaterstücken und Opern oder aus der Mythologie.

Im Obergeschoß der Badenburg befanden sich einige kleinere, schlicht ausgestattete Zimmer für den Kurfürsten und sein engstes Gefolge. Sie wurde nach den Zerstörungen im Zweiten Weltkrieg teilweise wiederhergestellt (nicht zugänglich).

Holzschnitt einer »Chinatapete« in der ehemaligen Garderobe der Badenburg (Raum 6)

Ansicht der Pagodenburg von Südosten

PAGODENBURG

Der Architekt des eleganten zweigeschossigen Bauwerkes, das 1716–19 errichtet wurde, war Joseph Effner. Der Überlieferung nach hat jedoch Max Emanuel selbst den geistvollen Grundriß erdacht, der eine achteckige Grundform (mit einem Durchmesser von acht Metern) durch kreuzförmige Arme erweitert. Dieser Grundriß dürfte auf französischen Vorbildern beruhen, so unter anderem dem »Pavillon du soleil« in Marly, besonders aber dem oktagonalen Jagdpavillon, den Max Emanuel in Bouchefort bei Brüssel von Germain Boffrand hatte erbauen lassen. Interessant ist aber auch die Ähnlichkeit des Grundrisses mit den türkischen Serailpavillons, von denen man durch Stiche in Europa Kenntnis besaß. Während das Äußere keinerlei Anspielungen auf asiatische Kunstformen aufweist, vermischen sich in den reichen Raumdekorationen türkische und fernöstliche Motive nahtlos zu einem exotischen Ambiente, wie es gerade in Mode gekommen war,

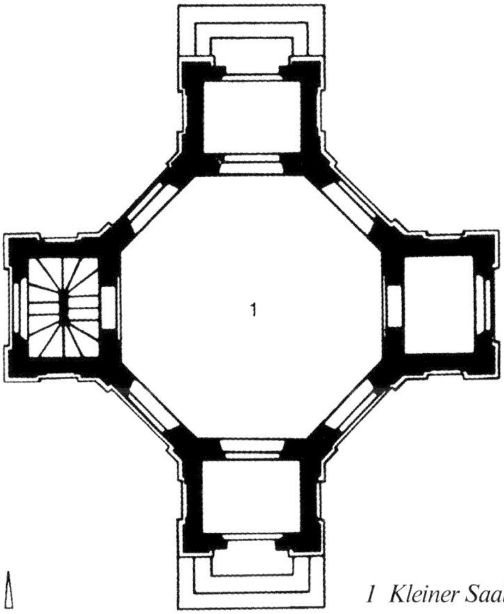

1 *Kleiner Saal*

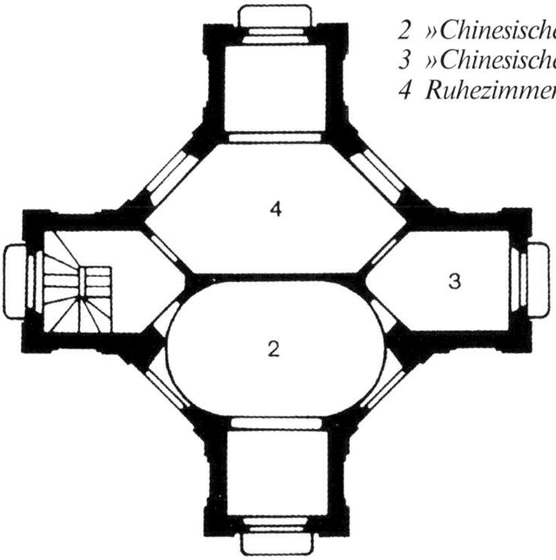

2 *»Chinesischer Salon«*
3 *»Chinesisches Kabinett«*
4 *Ruhezimmer*

Erdgeschoß und Obergeschoß der Pagodenburg

aber selten so überzeugend gelang. Der Name des Parkschlößchens soll auf die Malerei »mit chinesischen Figuren, die wie Pagoden sind« zurückgehen.

Die Außenarchitektur des Bauwerks wird von Kolossalpilastern mit korinthischen Kapitellen bestimmt – ein ungewöhnliches Motiv für eine so zierliche »maison de plaisance«. Die Zierglieder an Fenstern und den Balkons sind überwiegend Rokoko-Überformungen der ursprünglichen Motive, entstanden bei einer ersten Generalüberholung unter François Cuvilliés d. Ä. um 1767/68. Die heutige Außenfarbigkeit in blassen Grau-, Beige- und Weißtönen geht ebenfalls auf diese Zeit zurück. Die das flache Zeltdach verdeckende Attikamauer enthielt in den gliedernden Putzfeldern ursprünglich Ornamentmalereien und wurde von Balustraden und Ziervasen bekrönt, die dem Gebäude einen spielerischen Charkater verliehen. Die verschiedenen, in französischer Schmiedetechnik gearbeiteten Ziergitter schuf Antoine Motté, die darin eingefügten »fleurons de bronze« Guillaume de Groff. Die plastischen Masken über dem Eingang und über den Fenstern der unteren Geschosse stellen Bacchus, Flora, Neptun und Ceres dar.

Der kleine Gartenpavillon diente für intime Feste abseits vom Bereich des strengen Hofzeremoniells und vor allem zum Ausruhen beim »Mail«, einem Kugelspiel, dessen hufeisenförmige Bahn an der Nordseite (heute Pagodenburger Tal) angelegt war.

Die baukünstlerische Idee der Pagodenburg fand einen Niederschlag in einem Gartenpavillon in der badischen Residenz Rastatt. Die dortige Markgräfin Sibylla Augusta ließ sich 1722 Plankopien aus München kommen und errichtete ihre eigene »Pagodenburg«, die jedoch eine andere Dachform aufweist.

1961/63 Instandsetzung des »Saletls« mit Freilegungen an der Hohlkehle (nach Übermalungen im 19. Jahrhundert), deren Stuckdekor in sogenannter kombinerter Technik (Auftrags- und Versatzstuck) gearbeitet ist. Freilegung der rahmenden Teile der Vertäfelung mit Lasurtönen in Blau und Silber. Seither zahlreiche Restaurierungsmaßnahmen, außen und innen.

1 Erdgeschoß mit Saal und Treppenhaus

Dem Grundriß entspricht die räumliche Anordnung des Erdgeschos-

Der kleine Saal im Erdgeschoß der Pagodenburg (Raum I)

ses. Den achteckigen kleinen Saal (Raum 1), das »Saletl«, erweitern vier kabinettartig angefügte, rechteckige Nebenräume. Die ornamentale Deckenmalerei (Johann Anton Gumpp 1718/19) des Mittelraumes zeigt in der Randzone die vier Erdteile und Büsten mythologischer Figuren auf Sockeln. Die Deckenbemalung des Eingangsraumes huldigt Bacchus, die des rückwärtigen Kabinetts Venus, und der mit Goldgrund gemalte Plafond des östlichen Anbaues zeigt bacchantische Szenen. Die Malereien hier und an den Obergeschoßdecken sind fast zur Gänze vermutlich getreue Kopien aus den Jahren nach 1870. Die Hohlkehlen mit Stukkaturen von Band-, Ranken- und Gitterwerk wurden offensichtlich – wie die der oberen Kabinette – von der Werkstatt des Guillaume de Groff ausgeführt, die für den Stuck im »Cabinett negst Palamey« (Mailbahn) belegt ist. In Ermangelung ostasiatischen Porzellans und einer damals erst entstehenden europäischen Porzellanerzeugung, wählte Max Emanuel zur Verkleidung des Erdgeschosses und des Treppenhauses holländische Kacheln aus Fayence, um einen exotisch-chinesischen Raumeindruck zu erzeugen.

Die nahezu 2000 holländischen Kacheln zeigen eine Vielfalt von Landschaften und figürlichen Szenen. Sie sind meisterhaft bemalt und dürften aus Rotterdam stammen. Im ersten Obergeschoß zwei Kachelgemälde mit Darstellung eines französischen Gartens. Die Anordnung erinnert an das bereits erwähnte (vgl. Küche der Amalienburg) gekachelte Erdgeschoßzimmer im Schloß Rambouillet. Dort sind auf zwei blau-weißen Kachelgemälden Ansichten von Amsterdam und Rotterdam wiedergegeben, bezeichnet von dem Rotterdamer Fayencemaler Cornelis Boumeester. Die zugehörigen blau-weißen Kacheln der Wandverkleidung stammen aus einer Rotterdamer Manufaktur.

Der farbige Akkord der Kachelmalerei von Blau und Weiß wurde auch für die Deckenbemalung, die stuckierte Wandgliederung, die gekachelten Boiserien und die Möbel angewandt, um das fernöstliche Gepräge zu unterstreichen.

Gemälde: Zwei Landschaftsgemälde von Pieter Rysbraeck (1655–1729).

Einrichtung: Die heutige Einrichtung stammt aus der Erneuerungsperiode, die Kurfürst Max III. Joseph veranlaßte.

Großer runder Tisch mit geschnitztem Gestell und 4 Kanapees, in Weiß und Delfter Blau gefaßt, um 1770.

Achtarmiger, geschnitzter Kronleuchter, in Nachahmung von Porzellan weiß und blau gefaßt, von Johann Thomas Sailler, 1762.

2–4 Obergeschoß

Das Obergeschoß überrascht durch seine raffinierte Raumdisposition, die den graziösen Charakter des Bauwerks unterstreicht. In zwei Räumen (»Chinesischer Salon«, Raum 2; »Chinesisches Kabinett«, Raum 3) gelangten ostasiatische Raumgedanken zur Verwirklichung, indem Vertäfelungen in schwarzer und roter Lackmalerei ausgeführt und als Spalier bemalte Seiden- und später chinesische Papiertapeten mit aufgemalten farbigen Blumen- und Vogelornamenten eingefügt wurden. Diese Tapeten wurden von Max Emanuel wohl in Paris angekauft. Beim Rahmensystem orientierte man sich an der Aufteilung chinesischer Stellschirme (Paravents). Die mehrfach erneuerten Deckenmalereien mit den »Pagoden« gehen auf Johann Anton Gumpp zurück. Dazu kamen hochwertige Pariser Möbel, furniert mit japanischen Lackplatten: zwei Lackkabinette, um 1715. Nur der dritte Raum (Ruhe-

»Chinesischer Salon« im Obergeschoß der Pagodenburg (Raum 2)

»Chinesisches Kabinett« im Obergeschoß der Pagodenburg (Raum 3)

Ansicht der Magdalenenklause im Winter

zimmer, Raum 4) zeigt weiß-goldene Régence-Vertäfelung. Im Alkoven Wandbespannung in sehr seltenem rot-grünem Genueser Samtbrokat. Mit demselben Stoff sind die beiden Ruhebänke und die Sitzmöbel bezogen, die zur Grundausstattung gehören.

Weitere Einrichtung: Spieltisch aus Ebenholz mit eingelegtem Schachbrett, um 1700.

MAGDALENENKLAUSE

Die im Äußeren als künstliche Ruine und im Inneren als Grotte mit vier anschließenden, zellenartig einfachen Wohnräumen gestaltete Klause oder Eremitage, wurde in der Spätzeit Max Emanuels (ab 1725) von Joseph Effner erbaut. Die Nymphenburger Eremitage gehört zu jenen eigentümlichen Gartenbauten der Schloßbaukunst des späten 17. und 18. Jahrhunderts, in denen die Idee der Flucht aus dem höfischen Zeremoniell in die Einsamkeit zur religiösen und philosophischen Besinnung, zur Einfachheit und zu stillem Naturgenuß ihren Ausdruck fand. In ihrer bewußten ruinösen Architektur, »deren Ansehen Dürftigkeit ankündigt«, ahmen die Bauwerke die halb zerfallenen Hütten der Eremiten nach. Die Magdalenenklause bildet das höfische Gegenstück zu den seit dem 17. Jahrhundert in Klöstern häufigen Eremitorien. Bemerkenswert früh ist bei der Magdalenenklause die Verwendung historisierender (romanischer, gotischer und maurischer) Bauformen.

Dem Sinn des Gebäudes entsprechend, das dem Gebet und dem klösterlichen Wohnen dienen sollte, ist das rechteckige, eingeschossige Bauwerk in eine Kapelle und vier an diese anschließende Wohnräume aufgeteilt; an den Schmalseiten zwei achsial gegenübergestellte Apsiden (Altarraum und Bettalkoven), an zwei Ecken niedrige Runderker. Die Apsis des Altarraumes schmücken Fenster in maurischen Formen. Über dem Eingang an der Ostseite ein barocker Giebel, der in italienischer Art als offener Glockenstuhl ausgebildet ist.

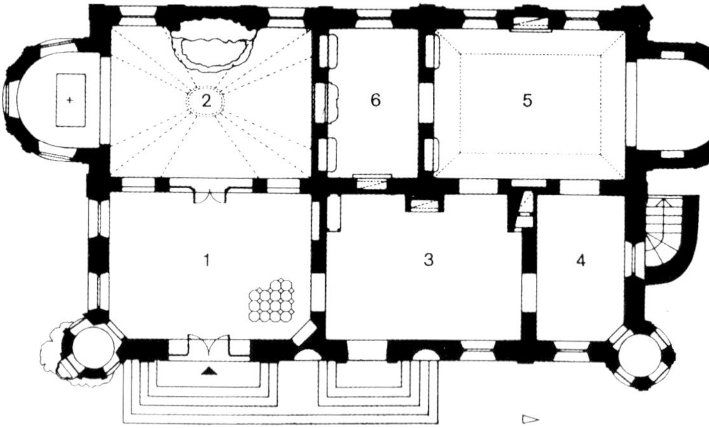

1 Vestibül oder Grottenhalle
2 Grottenkapelle St. Maria Magdalena
3 Vorzimmer
4 Kabinett (Bibliothek)
5 Speisesaal (Refektorium) mit Bettnische (Alkoven)
6 Gebetsraum (Oratorium)

Grundriß der Magdalenenklause

Altarnische in der Kapelle der Magdalenenklause
mit Grottenwerk als Wandschmuck

Der ruinöse Charakter des Bauwerks wirkte ursprünglich weit intensiver, als die Mauern teils höher, die Dachbereiche aber fast durchwegs niedriger gestaltet waren. 1750 ließ Max III. Joseph zur Vermeidung von zuvor häufig beklagten Wassereinbrüchen das heutige Walmdach errichten, aus dem seitdem die Laterne des Kapellengewölbes kaum noch herausragt.

Über dem Eingang, der durch ein geschmiedetes Gitter (Antoine Motté, 1726) geschlossen ist, befindet sich eine Marmortafel mit einer Inschrift, die auf die Weihe der Kapelle durch den Erzbischof und Kurfürsten von Köln, Clemens August, am 4. April 1728 hinweist.

»Unter den vielen Denkmälern angestammter Frömmigkeit, welche der Durchl. Churfürst Maximilian Emanuel hinterlassen, ist diese Kapelle, zu welcher er den Grund gelegt hat, das Letzte, und das Erste seines durchlauchtigsten Sohnes Churfürsten Carl Albrecht, der dieselbe bei dem Anfange seiner Regierung vollendete und ausschmückte. Der Durchl. und Hochwürdigste Erzbischof und Churfürst von Cöln, Clemens August verrichtete dabei seine erste bischöfliche Handlung; indem er dieselbe mit besonderer Erlaubnis des Durchl. und hochwürdigsten Fürsten Johann Theodor, Bischofs von Freysing und dessen geistlichen Administratoren am weißen Sonntag den 4. April 1728 mit den gewöhnlichen Feyerlichkeiten Gott dem Höchsten und Besten weihte, und dem Gedächtnisse der heil. Maria Magdalena widmete. Gegenwärtig waren der Durchl. Churfürst Carl Albert, die durchlauchtigste Churfürstin Maria Amalia, der durchlauchtigste Prinz Ferdinand Maria und dessen durchlauchtigste Gemahlin Maria Anna Carolina und der hochwürdigste Fürst Johann Theodor, Bischof von Freysing und Regensburg. In dem Altar wurden niedergelegt: Reliquien von dem heil. Macarius Märt., dem heil. Marianus Märt., dem heil. Maurus Märt., der heil. Antonia Märt., dem heil. Valentinus Bischof und von dem heil. Beichtiger Maurentius. Das jährliche Kirchweihfest wird auf Befehl des durchl. und hochwürdigsten Erzbischofs und Churfürsten von Cöln gefeiert, am 2. Sonntag nach Ostern.«

1 + 2 Vestibül und Kapelle

Die Kapelle nimmt fast die Hälfte des gesamten Bauwerkes ein. Zwei Pfeiler teilen den Raum in eine Vorhalle (Raum 1) und den eigentlichen Kapellenraum (Raum 2). Beide Räume sind grottenartig behandelt, indem die Wände mit Tuffsteinen, aus denen künstliche Korallen wachsen, und mit Grottenwerk (Stuckarbeiten mit Muscheln, gefärbten

Kieselsteinen, stuckierten Vögeln etc.) verkleidet sind. Die Grottierarbeiten führte der Münchner Johann Bernhard Joch 1726 aus. Wie die Reste der Bemalung erkennen lassen, war die Grottierung einst stark farbig gefaßt. Das Eingangsgitter zur Kapelle stammt von dem französischen Kunstschlosser Antoine Motté. – Im Rundraum an der Außenecke des Vorraumes wurde 1975 ein Brunnenschacht freigelegt, von dem auch eine nach außen führende Brunnenschale gespeist werden kann.

Die Kapelle überwölbt ein Muldengewölbe, das mit bunten Steinen mosaikartig verkleidet ist. In den ausgesparten Feldern Deckenbilder von Nikolaus Gottfried Stuber mit Begebenheiten aus der Geschichte der Büßerin Maria Magdalena. Die Kuppel öffnet sich in eine runde Laterne, die ebenfalls mit farbigen Grottensteinen inkrustiert ist. An der Außenwand gegenüber dem Eingang befindet sich eine Grottennische mit der Stuckfigur der hl. Magdalena von Giuseppe Volpini, 1726. Darunter Brunnenbecken aus natürlichem Felsen mit dem nach dem Volksglauben für Augen heilkräftigen Wasser, das jedoch aus dem höherliegenden benachbarten Parkkanal abgeleitet wird. Den aus Holz gebildeten Altar, der bezeichnenderweise nicht gegen den Eingang, sondern gegen die Wohnräume des Kurfürsten orientiert ist, schmückt ein in Nuß- und Ahornholz eingelegtes Antependium des Nymphenburger Hofkistlers Johann Michael Höcker. Dem Charakter der Klause entsprechen das Kruzifix und die Leuchter aus dem ungewöhnlichen Material des Narwalzahns. Die beiden Buchsbaumreliefs tragen die Bezeichnung ›Ignatius Hyllebrand, Bildhauer in Türkheim 1760‹.

3–6 Wohnräume

Die vier Wohnräume – Vorzimmer, Kabinett, Refektorium mit Alkoven und Gebetsraum (Räume 3 bis 6) – sind einheitlich behandelt in einfacher gebeizter Eichenholzvertäfelung mit profilierten Füllungen. Originell ist die Heizanlage mit einem Kachelofen, der drei Räume zugleich heizt und dessen Heizkammer mit Herdfang, Einschür- und Rauchzugöffnung unter der Vertäfelung des Vorzimmers verborgen ist. Die Kacheln sind in jedem Raum andersfarbig (blau, schwarz, grün) und mit verschiedenen Motiven versehen.

In der einstigen Bettnische, die ein Pendant zur gegenüberliegenden

Kapellenapsis bildet, byzantinisches Kreuz und ein geschnitzter Kronleuchter aus Olivenholz. Das Fenster gegen die Kapelle im letzten Raum ist im Sockelbereich als Betstuhl ausgebildet. Von hier aus wollte Max Emanuel dem Gottesdienst beiwohnen. Auch das Mobiliar in Naturholz sowie die Ölbilder (George Desmarées, St. Karl Borromäus, 1739. – Büßende Magdalena, Italien, 17. Jahrh.), Zeichnungen (8 Federzeichnungen nach der Passion Christi von Christoph Schwarz, von 1589) und Stiche (darunter Eremitenserie der Sadeler) und die Wachsbossierungen mit symbolischen Darstellungen der vier letzten Dinge (1. Hälfte 18. Jh.) haben sich von der ursprünglichen Einrichtung erhalten. Als Tafelgeschirr wurde im 18. Jahrhundert das Majolika-Service Herzog Albrechts V. (Faenza, Don Pino, 1576) verwendet (heute im Residenzmuseum München). Nach den alten Schloßinventaren wurde das Geschirr mit dem herzoglich bayerischen Wappen in großen Schränken im Keller der Magdalenenklause, wo sich auch eine Küche befand, verwahrt. – In den Vitrinen chinesisches und japanisches Porzellangeschirr, 17./18. Jahrhundert (K'ang-hsi und Alt-Imari).

»Tod«, Wachsrelief aus einer Darstellung der »Vier letzten Dinge« in der Magdalenenklause

KURFÜRST FERDINAND MARIA, regierte 1651–1679
Vermählt 1652 mit Adelaide (Adelheid Henriette Maria), Tochter des Herzogs Victor Amadeus I. von Savoyen
KURFÜRST MAXIMILIAN II. EMANUEL, regierte 1679–1726
Vermählt 1685 in erster Ehe mit Maria Antonia, Tochter des Kaisers Leopold I.
Vermählt 1695 in zweiter Ehe mit Therese Kunigunde, Tochter des Königs Johann III. Sobieski von Polen
KURFÜRST KARL ALBRECHT, regierte 1726–1745, gekrönt als KAISER KARL VII. 1742
Vermählt 1722 mit Maria Amalia Josepha, Tochter des Kaisers Joseph I.
KURFÜRST MAXIMILIAN III. JOSEPH, regierte 1745–1777
Vermählt 1747 mit Maria Anna Sophie, Tochter des Königs Friedrich August III. von Polen und Kurfürsten von Sachsen
KURFÜRST KARL THEODOR, regierte in Kurpfalz ab 1743 und in Pfalz-Bayern 1777–1799
Vermählt 1742 in erster Ehe mit Elisabeth Maria Auguste, Tochter des Sulzbachischen Erbprinzen Joseph Karl Emanuel
Vermählt 1795 in zweiter Ehe mit Maria Leopoldine, Tochter des Erzherzogs Ferdinand von Österreich-Este
KURFÜRST MAX IV. JOSEPH (aus der Linie Zweibrücken-Birkenfeld), regierte ab 1799 als Kurfürst und als KÖNIG MAX I. JOSEPH 1806–1825
Vermählt 1785 in erster Ehe mit Auguste Wilhelmine Maria, Tochter des Landgrafen Georg Wilhelm von Hessen-Darmstadt.
Vermählt 1797 in zweiter Ehe mit Karoline Friederike Wilhelmine, Tochter des Erbprinzen Karl Ludwig von Baden
KÖNIG LUDWIG I., regierte 1825–848
Vermählt 1810 mit Therese Charlotte Louise, Tochter des Herzogs Friedrich von Sachsen-Hildburghausen
KÖNIG MAXIMILIAN II. JOSEPH, regierte 1848–1864
Vermählt 1842 mit Marie Friederike, Tochter des Prinzen Wilhelm von Preußen

König Ludwig II., regierte 1864–1886

Prinzregent Luitpold, regierte 1886–1912 (drittältester Sohn des Königs Ludwig I).

Vermählt 1844 mit Auguste, Tochter des Großherzogs Leopold II. von Toskana

König Ludwig III., regierte als Prinzregent 1912–1913 und als König 1913–1918

Vermählt 1868 mit Maria Therese, Tochter des Erzherzogs Ferdinand von Österreich-Este

1663 Ankauf der Schwaige Kemnat um 10.000 fl. zur Erbauung eines Landschlosses durch Kurfürst Ferdinand Maria.

1664 Baubeginn am Mittelpavillon

1669/95 Fertigstellung der mythologischen Deckenbilder von A. Triva im Hauptschloß

1671 Anlage des ersten Gartens hinter dem Schloß mit sternförmig von Springbrunnen ausgehenden Beeten.

1674 H. Zuccalli übernimmt die Bauleitung.

1675 Einwölbung des Mittelsaales.

1701 H. Zuccalli und A. Viscardi beginnen mit der Erweiterung des Schlosses durch je zwei beiderseits den Mittelbau flankierende Wohnpavillons. – Gleichzeitig wird durch Carbonet die Neuanlage eines weitausgedehnten Barockgartens mit »holländischen« Kanälen begonnen.

1704 Einstellung aller Baumaßen aufgrund des Spanischen Erbfolgekrieges.

Luftaufnahme der Gesamtanlage von Schloß Nymphenburg

Der südliche Rondellbereich von Schloß Nymphenburg

1715 Weihe der Schloßkapelle im zweiten nördlichen Pavillon. – Berufung des D. Girard aus Paris als »Brunnenmeister«.

1716 Abschluß der Bauarbeiten am zweiten südlichen Pavillon (Mundkuchl- und Zergaden-Pavillon).

1716/19 Erbauung der Pagodenburg durch J. Effner. Innenausbau des Hauptschlosses. 1716 Baubeginn Orangeriegebäude

1718/21 Erbauung der Badenburg durch J. Effner.

1719 Fertigstellung des Ostflügels der südlichen Nebengebäude für die Leibpferdstallung im Erdgeschoß und Kavalierszimmer im Obergeschoß. Erbauung der anschließenden Schwaige.

1720/22 Ausstattung der Wohnung Max Emanuels im ersten Obergeschoß des Mittelbaues und des ersten nördlichen Pavillons. Davon erhalten die Ausstattung des nördlichen Vorzimmers, der anschließenden Galerie, des Roten Salons Max Emanuels (Erneuerung der roten Lyoner Seidenbespannung nach altem Dessin 1960/61) und des tonnengewölbten Vorraumes im ersten nördlichen Pavillon.

1723/24 Erbauung des Verbindungsflügels des Paßgebäudes (für das Paßspiel, Kugelspiel in Art des Krockets, und Billard) und Errichtung des dritten südlichen, 1750 als Küchengebäude eingerichteten Bautraktes.

1725/28 Errichtung der Magdalenenklause durch J. Effner.

1728 Beginn der Rondellbauten mit Errichtung des Pavillons für Hofkontrolleur Hieber im südlichen Rondell.

1729 Errichtung der beiden nächst dem Schloß gelegenen Rondellbauten sowie des zweiten Pavillons am südlichen Rondell für Hofbeamte.

1730 Kanalbau in Richtung Stadt und Anlage der Lindenallee mit Auffahrtsstraßen. – Errichtung des Ostflügels der nördlichen Nebengebäude für die aus Luxemberg berufenen Nonnen. (1835 Übergabe dieses Traktes an die Englischen Fräulein.)

1733 ff. Errichtung der Gartenmauer.

1733 ff. Ausbau des Nordflügels des südlichen Rechtecks für eine neue Pferdestallung.

1734/39 Erbauung des Lustschlößchens Amalienburg durch Fr. Cuviliés d. Ä. bei dem neuangelegten Fasanengehege.

1739 Weihe der von Effner errichteten (im Zweiten Weltkrieg vernichteten) Kapelle im Ostflügel der nördlichen Nebengebäude. Das ursprüngliche Altarblatt (heute in der Alten Pinakothek in München) mit dem Patron des Stifters Kurfürst Clemens August, von G. B. Tiepolo.

1750 Umbau des »dermaligen Comedihauses« zum »Mundt-und Hofkuchl Gebäude« durch J. Gunezrhainer. – Zerstörung der kurfürstlichen Schwaige zu Nymphenburg durch Blitzschlag; Wiederaufbau.

1755/57 Umgestaltung des Großen Saales im Mittelbau durch F. Cuvilliés d. Ä. und J. B. Zimmermann.

1757 Vollendung des 1751 begonnenen Vogelhauses im südlichen Kabinettsgarten durch F. Cuvilliés d. Ä. – Fertigstellung des Orangerietraktes im nördlichen Seitenblock mit dem Hubertussaal.

1758 Bau des letzten Pavillons am Rondell, in dem 1761 die von Max III. Joseph 1747 in Neudeck in der Au gegründete Porzellanmanufaktur untergebracht wurde.

Nördlicher Kanal mit Blick zum Orangeriegebäude

1761 malte Bernardo Bellotto, gen. Canaletto, die beiden berühmten Ansichten des Schlosses Nymphenburg für die Residenz München.

1762 Anlage des Brunnenhauses zwischen Amalienburg und Badenburg zum Betreiben der großen Fontäne im Großen Parterre und für die Wasserversorgung des Schlosses. Umbau dieses sogenannten »Grünen Brunnenhauses« 1803 für die Wasserwerke von J. Baader.

1763/64 Umgestaltung der beiden Eckkabinette im Mittelbau und einige weitere Erneuerungen der Raumausstattungen unter F. Cuvilliés d. Ä.

1764 Ausgestaltung des südlichen Kabinettsgärtchens durch Anlage einer Kaskade und einer Wasserglocke nach Entwurf F. Cuvilliés d. Ä.

1769 Neufassung der Kaskade am Westende des Gartens in Marmor.

Nördlicher Rondellbereich mit barocken Pavillonbauten

Kurfürstlicher Beschluß zur Erstellung der Götterfiguren in weißem Marmor für das große Parterre.

1777/78 Einbau des neuen Speisesaals (sog. »Grüner Saal«) für die Kavaliere im Obergeschoß des Hofküchengebäudes.

1778 Errichtung einer Goldfasanerie am Rand der südl. Parkhälfte.

1778 Aufstellung der drei Puttengruppen von D. Auliczek bei der Badenburg. Die Gruppen, mit denen Kurfürst Max III. Joseph die drei Bauherren symbolisierte, wurden im frühen 19. Jahrhundert vor dem Schloß aufgestellt (dort heute Kopien von J. Enderle, 1918; die Originale im Orangeriebau).

1791 Ausbau der Goldfasanerie zu einem Menageriegebäude.

1795 Verbreiterung der beiden Galerien gegen den Garten durch Verbindungsräume und kleine Zimmer.

1799 ff. Erbauung des hölzernen Gartenpavillons mit »Kronprinzengarten« für den Kurprinzen Ludwig.

Südlicher Kanal mit Blick zum »Wassergang«

1804/23 Umgestaltung des Barockgartens zu einer englischen Gartenanlage durch F. L. v. Sckell.

1806/08 Umbau und Ausstattung einiger Raumfluchten des Hauptschlosses.

1807/08 Bau des Pumpwerkes von J. Baader für die Fontäne an der Stadtseite im Brunnhaus des Orangerie-Gebäudes.

1807 ff. Bau des ersten Treibhauses nördlich vom Großen Parterre und Erneuerung des kleinen Parterres im Vordergrund nach Entwürfen F. L. von Sckells.

1815/16 Aufstellung der Gruppe des flötenblasenden Pan mit Ziegenbock von P. Lamine in der südlichen Parkhälfte.

1816 und 1820 Bau von zwei weiteren Treibhäusern nach Plänen von Sckell. Brunnenskulptur eines auf einem Delphin reitenden Puttos im Bassin des Parterres im Vordergrund von J. N. Haller 1818. Die vier von Sckell vor einer halbkreisförmigen Baumkulisse angeordneten mythologischen Figuren (Urteil des Paris) von L. Ohnmacht (1804/07).

um 1820 Bereicherung des im englischen Stil umgewandelten südlichen Kabinettsgärtchens durch die klassizistische Hintergrundarchitektur der Kaskade mit der Venus von Canova und den mythologischen Figuren von K. Eberhard.

1826 Entfernung der Giebel über dem Mittelbau und Anbringung eines hölzernen Kranzgesimes durch L. v. Klenze.

1835 Erneuerung des großen, heute noch bestehenden Wasserwerkes für die Fontäne an der Stadtseite im Brunnenhaus des nördlichen Seitengebäudes.

1865 Errichtung des Monopteros nach Plänen von Klenze durch König Ludwig I. als Denkmal der Nymphenburger Gartenanlage.

1938 Umbau Orangerietrakt, Ergänzung von rückwärtigen Gebäudeteilen.

1944 Kriegszerstörungen am Nordtrakt und an der Badenburg.

1950 Einrichtung des Marstallmuseums (ehemalige Hofwagenburg) in den ehemaligen kurfürstlichen Stallungen im südlichen Nebengebäude.

1952/53 Restaurierung der Badenburg und der Magdalenenklause.

1953/56 Instandsetzung der Fassaden des Hauptbaues.

1956/58 Instandsetzung der Amalienburg und

1959/60 der ehemaligen Wohnung der Königin Caroline im ersten Obergeschoß des ersten südlichen Pavillons mit dem Geburtszimmer König Ludwigs II., dem sog. Maserzimmer und dem Blauen Salon (hier vor allem Erneuerung der in Brokattechnik gewebten Seidenbespannung nach altem Muster).

1966/67 Restaurierung des zweiten südlichen Vorzimmers und Einrichtung der drei Räume neben der nördlichen Galerie.

1970/72 Wiederherstellung der ursprünglichen Fassadenfarbigkeit der Hauptgebäude nach Farbbefunden, nach den Veduten von Beich (1723) in Nymphenburg und den Ansichten von Canaletto (Residenz): grüngraue Gliederungen auf weißen Grund.

1974 ff. Restaurierung der Marmorfiguren. Fassadenerneuerung des Orangeriegebäudes. Bauliche Wiederherstellung des Nördlichen Kavalierbaues (Marstallmuseum).

1985 Abschluß der 1978 begonnenen umfassenden Sanierung und Restaurierung der Badenburg.

1985/86 Grundlegende Fassadenrestaurierung bei Pagoden- und Amalienburg.

1986 Abschluß der 1974 begonnenen Baumaßnahmen im Nördlichen Kavaliersbau. Neuaufstellung des Marstallmuseums sowie Eröffnung des Museums Nymphenburger Porzellan-Sammlung Bäuml im selben Trakt.

1987/89 Neubau des West- und Südwestflügels am Marstallhof als Werkstätten- und Verwaltungsgebäude der Bayerischen Schlösserverwaltung, in Anlehnung an die Planung des Barock.

1989 Beendigung der 1974 begonnenen Sanierung und Restaurierung des sogenannten Prinzenpavillons.

1990/95 Restaurierungsarbeiten im Festsaal des Hauptschlosses. Generalsanierung des Königs- und Knabenbaues.

1991 Abschluß der 1987 begonnenen Restaurierung der Schloßkapelle.

1993 ff. Renovierung der Parkeinfriedungsmauer.

1996 Beginn einer umfassenden Restaurierung der Pagodenburg.

VERZEICHNIS DER KÜNSTLER UND KUNSTHANDWERKER

LITERATURHINWEISE

Oswald Götz, Die Amalienburg im Nymphenburger Schloßpark; in: Städel Jahrbuch 2, 1922 S. 97–108. – L. Hager und H. Kreisel, Nymphenburg, Schloß, Park und Burgen, Amtlicher Führer, München 1938 ff. – H. Kreisel, Die Kunstschreiner der Schloßeinrichtungen des Kurfürsten Max III. Joseph von Bayern im späten Rokoko; in: Münchner Jahrbuch, N. F. 1938/39, Bd. XIII. – H. Kreisel, Farbiges Nymphenburg, München 1944. – Adalbert Prinz von Bayern, Nymphenburg und seine Bewohner, München 1950. – L. Hager, Instandgesetzte Stuckdecken in Schloß Nymphenburg und ihre Meister; in: Deutsche Kunst- und Denkmalpflege, 1953. – L. Hager, Nymphenburg, Schloß, Park und Burgen, München 1955 (mit ausführlicher Bibliographie). – H. Kreisel, Die Instandsetzung der Amalienburg; in: Deutsche Kunst- und Denkmalpflege, 1960. – Christina Thon, Johann Baptist Zimmermann als Stukkator, Diss. phil. Mainz 1965, Ms. – Peter Volk, Zur Geschichte der Nymphenburger Gartenplastik 1716–1770; in: Münch. Jahrb. d. bild. Kunst. 3. F., Bd. 18, 1967, S. 211–240. – L. Frhr. von Gumppenberg, Die Amalienburg im Park von Nymphenburg; in: Der Deutsche Jäger, 86. Jg., April 1968. – Leonore Berghoff, Emanuele Tesauro und seine Concetti, unter besonderer Berücksichtigung von Schloß Nymphenburg, Diss. phil. München 1971, Ms. – Heidi Bürklin, Franz Joachim Beich (1665–1748). Ein Landschafts- und Schlachtenmaler am Hofe Max Emanuels. München 1971 (= Neue Schriftenreihe des Stadtarchivs München Bd. 56). – Gerhard Hojer, Die Baugeschichte des Schlosses Nymphenburg; in: Fee Schlapper u.a., Schloß Nymphenburg, München 1972, S. 108–116. – Michael Petzet, Entwürfe für Schloß Nymphenburg; in: Zwischen Donau und Alpen, Festschrift N. Lieb, München 1972, S. 202–212. – Peter Vierl, Die Erneuerung der Schloßfassaden von Nymphenburg. Ein Beitrag zur Putz- und Stucktechnik in der Denkmalpflege; in: Maltechnik-Restauro 1972, H. 1, S. 36–39; H. 2, S. 100–104; H. 3, S. 205–210. – P. Vierl, Die Putz- und Anstricherneuerung bei der Fassadeninstandsetzung am Schloß Nymphenburg; in: Deutsche Kunst- und Denkmalpflege 1972, S. 43–48. – Liselotte Andersen, Eine unbekannte Quellenschrift aus der Zeit um 1700; in: Münch. Jahrb. d. bild. Kunst, 3. F. Bd. 24, 1793, S. 175–237. – Gisela Vits, Joseph Effners Palais Preysing. Ein Beitrag zur Münchener Profanarchitektur des Spätbarock, Frankfurt/M. 1973 (= Kieler Kunsthistor. Studien Bd. 5). – P. Vierl, Neue Erkenntnisse zur Baugeschichte des Schlosses Nymphenburg; in: Jahrbuch der Bayerischen Denkmalpflege Bd. 29, 1972–74, S. 97–115. – Johann Georg Prinz von Hohenzollern, Peter Jakob Horemans (1700–1776). Ausstellungskatalog, München 1974. – Kurfürst Max Emanuel. Bayern und Europa um 1700 (Ausstellungskatalog), Bd. 1 u. 2, München 1976. – Elmar D. Schmid, Nymphenburg. Schloß und Garten, Pagodenburg, Badenburg, Magdalenenklause, Amalienburg, München 1979. –

(Ausstellungskatalog) Wittelsbach und Bayern III., Bd. 1 u. 2, München 1980. – (Ausstellungskatalog) Klassizismus in Bayern, Schwaben und Franken, München 1980. – Ulrika Kiby-Ratka, Die Küche der Amalienburg im Schloßgarten von Nymphenburg zu München. Heidelberg 1981. – Elmar D. Schmid, Eine unbekannte Ansicht der Magdalenenklause im Schloßpark zu Nymphenburg; in: Weltkunst Jg. 51, 1981, Nr. 13, S. 1959–1961. – Elmar D. Schmid, Bemerkungen zur Restaurierung der Badenburg im Park von Schloß Nymphenburg; in: Ars Bavarica Bd. 31/32, 1983, S. 89–96. – Friederike Wappenschmidt, »Indianische Tapezereyen« in den Münchner Schlössern des 18. Jahrhunderts; in: Ars Bavarica Bd. 31/32, 1983, S. 97–120 (Restaurierungsbericht von M. Heise S. 121–124). – Sabine Heym, Henrico Zuccalli (um 1642–1724). Der kurbayerische Hofbaumeister, München und Zürich 1984. – Dietrich von Frank, Joseph Effners Pagodenburg. Studien zu einer »maison de plaisance«, München 1985. – Uta Schedler, Roman Anton Boos (1733–1810). Bildhauer zwischen Rokoko und Klassizismus, München und Zürich 1985. – Anna Bauer-Wild, Die erste Bau- und Ausstattungsphase des Schlosses Nymphenburg (1663–1680), München 1986. – Wolfgang Braunfels, François Cuvilliés. Der Baumeister der galanten Architektur des Rokoko, München 1986. – Gesche von Deesen, Die Badenburg im Park von Nymphenburg, München 1986. – Gerhard Hojer, Die Amalienburg. Rokokojuwel im Nymphenburger Schloßpark, München und Zürich 1986. – Elmar D. Schmid u. Sabine Heym, Joseph Effner 1687–1745. Bauten für Kurfürst Max Emanuel. Ausstellungstexte, Dachau 1987. – Ellis Kaut, Der Nymphenburger Park, München 1987 (Bildband). – Hermann Bauer und Bernhard Rupprecht, Corpus der barokken Deckenmalerei in Deutschland, Bd. 3, Teil 2, München 1989. – Dietrich von Frank, Die »maison de plaisance«. Ihre Entwicklung in Frankreich und Rezeption in Deutschland, München 1989. – Horst Mellenthin, François Cuvilliés Amalienburg. Ihr Bezug zur französischen Architekturtheorie, München 1989. – Friederike Wappenschmidt, Chinesische Tapeten für Europa. Vom Rollenbild zur Bildtapete, Berlin 1989. – Ulrika Kiby, Die Exotismen des Kurfürsten Max Emanuel in Nymphenburg, Hildesheim, Zürich, New York 1990. – Nikolenko Lada, Schönheitsgalerien der Wittelsbacher, München 1990. – Hildegard Merzenich, Das Nymphenburger Schloßrondell. Mittelpunkt und Denkmal eines Idealstadt-Konzepts; in: Schönere Heimat Jg. 79, 1990, H. 4, S. 235–240. – Kai Uwe Nielsen, Die Magdalenenklause im Schloßpark zu Nymphenburg, München 1990. – Uta Schedler, Die Statuenzyklen in den Schloßgärten von Schönbrunn und Nymphenburg, Hildesheim, Zürich, New York 1990. – Friederike Wappenschmidt, Der Traum von Arkadien. Leben, Liebe, Licht und Farbe in Europas Lustschlössern, München 1990. – Die Möbel der Residenz München. Hrsg. v. Gerhard Hojer u. Hans Ottomeyer. Bd. 1 bearb. v. Brigitte Langer, München 1995; Bd. 2 bearb. v. Brigitte Langer u. Alexander Herzog von Württemberg, München 1996.

Bayerische Verwaltung der staatlichen Schlösser, Gärten und Seen

SEHENSWÜRDIGKEITEN

Ansbach	**Residenz der Markgrafen von Ansbach;** Prunkappartements des frühen Rokoko, Sammlung Ansbacher Fayencen und Porzellan, Hofgarten mit Orangerie	Tel. 0981/3186 Fax 0981/95840
Aschaffenburg	**Schloß Johannisburg** Gemäldegalerie und Kurfürstliche Wohnräume, Sammlung von Korkmodellen, Schloßgarten; Städtisches Schloßmuseum	Tel. 06021/22417 Fax 06021/218921
	Pompejanum; Nachbildung eines römischen Hauses und Antikenmuseum	
	Schloß und Park Schönbusch Klassizistisches Schlößchen in englischem Landschaftsgarten	
Bamberg	**Neue Residenz Bamberg** Kaisersaal und barocke Prunkräume, Gemäldegalerie, Rosengarten	Tel. 0951/56351 Fax 0951/55923
Bayreuth	**Neues Schloß** Markgrafenresidenz aus der Zeit des »Bayreuther Rokoko« mit Museum Bayreuther Fayencen, Hofgarten mit Orangerie	Tel. 0921/75969-0 Fax 0921/75969-15
	Markgräfliches Opernhaus	
Bayreuth/ Donndorf	**Schloßpark Fantaisie** Historische Gartenanlage	Tel. 0921/75969-0 Fax 0921/75969-15

Bayreuth/ Eremitage	**Altes Schloß Eremitage** Wohnräume der Markgräfin Wilhelmine, Grotte, historische Gartenanlage mit Wasserspielen	Tel. 0921/75969-0 Fax 0921/75969-15
Bayreuth/ Wonsees Sanspareil	**Morgenländischer Bau** Stilräume, Gartenparterre und Felsengarten	Tel. 0921/75969-0 Fax 0921/75969-15
	Burg Zwernitz, Burganlage	
Burghausen	**Burg zu Burghausen** Burganlage, Stilräume, Gemäldegalerie	Tel. 08677/4659 Fax 08677/65674
Coburg	**Schloß Ehrenburg** Historische Wohn- und Prunkräume des Barock und 19. Jahrhunderts	Tel. 09561/8088-0 Fax 09561/8088-40
Coburg/ Rödental	**Schloß Rosenau** in englischem Landschaftsgarten, Wohnräume der Biedermeierzeit und neugotischer Marmorsaal	Tel. 09563/4747 Fax 09561/8088-40
Dachau	**Schloß Dachau;** Festsaal, historische Gartenanlage	Tel. 08131/87923 Fax 08131/78573
Eichstätt	**Willibaldsburg** Festungsanlage, Juramuseum, Ur- und Frühgeschichtsmuseum, Hortus Eystettensis	Tel. 08421/4730 Fax 08421/8194
Ellingen	**Residenz Ellingen;** Prunkappartements des Fürsten Wrede, Deutschordensräume, Schloßkirche, historische Gartenanlage	Tel. 09141/3327 Fax 09141/72953

Herrenchiemsee	**Neues Schloß Herrenchiemsee** Wohn- und Repräsentationsräume, historische Gartenanlage mit Wasserspielen und **König Ludwig II. Museum**	Tel. 08051/6887-0 Fax 08051/6887-99
	Museum im Alten Schloß Dauerausstellung zur ehemaligen Klosteranlage und zum Verfassungskonvent; Stilräume König Ludwigs II.	
Höchstädt	**Schloß Höchstädt** Kapelle mit Sammlung südwestdeutscher Fayencen	Tel. 08431/8897 Fax 08431/42689
Kelheim	**Befreiungshalle**	Tel./Fax 09441/1584
Kempten	**Residenz Kempten** Prunkräume und Thronsaal der Fürstäbte	Tel. 0831/256-1 und 0831/256-251 Fax 0831/256-260
Königssee	**St. Bartholomä;** Jagdschloß, Kapelle St. Johann und Paul, Naturpark Berchtesgaden	Tel. 08652/96360 Fax 08652/64721
Kulmbach	**Plassenburg;** Schöner Hof, historische Markgrafenzimmer, Gemäldegalerie, Jagdwaffensammlung	Tel. 09221/8220-11 Fax 09221/8220-26
Landshut	**Stadtresidenz;** Stilräume und Gemäldegalerie, Kreis- und Stadtmuseum	Tel. 0871/92411-0 und 0871/92411-44 Fax 0871/92411-40
	Burg Trausnitz Burganlage mit Burgkapelle St. Georg, Stilräume	
Lauenstein bei Ludwigsstadt	**Burg Lauenstein** Burganlage, Wohnräume, volkskundliche Sammlungen	Tel./Fax 09263/400

Linderhof	**Schloß Linderhof** Wohn- und Repräsentationsräume, Venusgrotte, Marokkanisches Haus, Maurischer Kiosk und Hundinghütte, historische Gartenanlage mit Wasserspielen	Tel. 08822/9203-0 Fax 08822/9203-11
München	**Residenzmuseum** Historische Wohn- und Prunkräume aus der Zeit der Renaissance bis zum 19. Jahrhundert, Hofkirchen und -kapellen, Spezialsammlungen (Silber, Porzellan, Paramente, Reliquien)	Tel. 089/29067-1 Fax 089/29067-225
	Schatzkammer	
	Altes Residenztheater (Cuvilliés-Theater)	
	Hofgarten	
	Bavaria mit Ruhmeshalle auf der Theresienhöhe	
	Schloß Nymphenburg Prunk- und Stilräume, Festsaal, Schönheitengalerie, Schloßkapelle	Tel. 089/17908-0 Fax 089/17908-627
	Amalienburg, Badenburg, Pagodenburg, Magdalenenklause im historischen Schloßpark	
	Marstallmuseum Höfische Kutschen und Schlitten, Reit- und Sattelzeug	
	Museum Nymphenburger Porzellan Sammlung Bäuml	

	Englischer Garten Landschaftsgarten im englischen Stil	Tel. 089/341986 Fax 089/335169
München/ Oberschleißheim	**Neues Schloß Schleißheim** Festsäle, Staatsappartements, Gemäldegalerie, barocker Hofgarten	Tel. 089/315872-0 Fax 089/315872-50
	Schloß Lustheim Porzellansammlung	
Neuburg a.d. Donau	**Schloßmuseum Neuburg a.d. Donau** Sgraffitofassade, Kapelle, Grotten; Vorgeschichte Pfalz-Neuburg, Kirchlicher Barock	Tel. 08431/8897 Fax 08431/42689
Neuschwanstein/ Schwangau	**Schloß Neuschwanstein** Wohn- und Repräsentationsräume	Tel. 08362/81035 und 08362/81801 Fax 08362/8990
Nürnberg	**Kaiserburg Nürnberg** Palas, Stilräume, Doppelkapelle, Tiefer Brunnen und Sinwellturm, Burggarten	Tel. 0911/225726 Fax 0911/2059117
Prunn im Altmühltal	**Burg Prunn** Stilräume	Tel. 09442/3323 Fax 09442/3335
Riedenburg	**Burg Rosenburg** Burganlage mit Kapelle; privat betriebener Falkenhof	Tel. 09442/2752 Fax 09442/3287
Schachen	**Königshaus am Schachen** Wohnräume und Maurischer Saal, Alpengarten	Tel. 08821/2996
Schnaittach	**Festung Rothenberg** Ruine einer Festungsanlage aus dem 18. Jahrhundert	Tel. 09153/7793

Übersee/Feldwies	**Künstlerhaus Exter** mit Atelier des Malers Julius Exter	Tel. 08642/8950-83 Fax 08642/8950-85
Utting am Ammersee	**Künstlerhaus Gasteiger** Sommervilla mit Wohnräumen und Werken von Anna und Mathias Gasteiger, Villengarten	Tel. 08806/2682 und 08806/2091
Veitshöchheim	**Schloß und Park Veitshöchheim;** Historische Wohnräume, Rokokogarten mit Wasserspielen	Tel. 0931/91582 Fax 0931/51925
Würzburg	**Residenz Würzburg;** Barocke Prunkräume, Fresken von G.B. Tiepolo, Gemäldegalerie, Hofgarten	Tel. 0931/355170 Fax 0931/51925
	Festung Marienberg Festungsanlage, Fürstenbaumuseum mit Schatzkammer, Paramentensaal und stadtgeschichtliche Sammlungen, Maschikuliturm, Fürstengarten; Mainfränkisches Museum	

Veröffentlichungen
der Bayerischen Verwaltung der staatlichen Schlösser, Gärten und Seen

Amtliche Führer	**je DM 4,00 – 6,00**
Deutsche Ausgaben:	
Ansbach	Residenz Ansbach
Aschaffenburg	Schloß Aschaffenburg
	Pompejanum in Aschaffenburg
	Schloß und Park Schönbusch
Bamberg	Neue Residenz Bamberg
Bayreuth	Eremitage zu Bayreuth
	Markgräfliches Opernhaus Bayreuth
	Neues Schloß Bayreuth
Bayreuth/Wonsees	Felsengarten Sanspareil – Burg Zwernitz
Burghausen	Burg zu Burghausen
Coburg	Coburg - Schloß Ehrenburg
Coburg/Rödental	Schloß Rosenau
Dachau	Schloß Dachau
Eichstätt	Willibaldsburg Eichstätt
Ellingen	Residenz Ellingen
Herrenchiemsee	Neues Schloß Herrenchiemsee
Kelheim	Befreiungshalle Kelheim
Königssee	St. Bartholomä am Königssee
Kulmbach	Plassenburg ob Kulmbach
Landshut	Landshut Burg Trausnitz
	Stadtresidenz Landshut
Lauenstein bei Ludwigsstadt	Burg Lauenstein
Linderhof	Schloß Linderhof
München	Residenz München
	Schatzkammer der Residenz München
	Altes Residenztheater in München (Cuvilliés-Theater)
	Englischer Garten München
	Ruhmeshalle und Bavaria
	Nymphenburg, Schloß, Park und Burgen
	Marstallmuseum in Schloß Nymphenburg
Neuburg a. d. Donau	Schloßmuseum Neuburg an der Donau
Neuschwanstein/Schwangau	Schloß Neuschwanstein
Nürnberg	Kaiserburg Nürnberg
Oberschleißheim	Schloß Schleißheim, Neues Schloß und Garten

Prunn	Burg Prunn
Riedenburg	Burg Rosenburg in Riedenburg an der Altmühl
Schachen	Königshaus am Schachen
Veitshöchheim	Veitshöchheim
Würzburg	Festung Marienberg zu Würzburg
	Residenz Würzburg und Hofgarten

English Editions:

Aschaffenburg	Aschaffenburg Castle
Bayreuth	The Hermitage at Bayreuth
	Margravial Opera House Bayreuth
Coburg	Coburg Ehrenburg Palace
Herrenchiemsee	The New Palace of Herrenchiemsee
Kelheim	The Hall of Liberation at Kelheim
Linderhof	Linderhof Palace
München	Residence Munich
	The Treasury in the Munich Residence
	Nymphenburg, Palace, Park, Pavilions
	Marstallmuseum Schloß Nymphenburg in Munich
Neuschwanstein/Schwangau	Neuschwanstein Castle
Nürnberg	Imperial Castle Nuremberg
Schachen	The Royal House on the Schachen
Würzburg	The Würzburg Residence and Court Gardens

Editions with English Summary:

Bamberg	Neue Residenz Bamberg
Bayreuth/Wonsees	Felsengarten Sanspareil - Burg Zwernitz
Burghausen	Burg zu Burghausen
Coburg/Rödental	Schloß Rosenau
Königssee	St. Bartholomä am Königssee
München	Englischer Garten München
Oberschleißheim	Schloß Schleißheim

Editions Françaises:

Herrenchiemsee	Le Nouveau Château de Herrenchiemsee
Linderhof	Le Château de Linderhof
München	Le Trésor de la Résidence de Munich
	Nymphenburg, Le Château, le Parc et les Pavillons
Neuschwanstein/Schwangau	Le Château de Neuschwanstein

Nürnberg	Le Château Impérial de Nuremberg
Schachen	Le Châlet Royal de Schachen
Würzburg	Wurtzbourg, Le Palais des Princes Évêques et les Jardins

Editions avec résumé français:

Bayreuth/Wonsees	Felsengarten Sanspareil - Burg Zwernitz
München	Englischer Garten München

Edizioni Italiane:

Herrenchiemsee	Castello di Herrenchiemsee
Linderhof	Castello di Linderhof
München	Tesoro della Residenz München
	Nymphenburg, II Castello, il Parco e i Castelli del Giardino
Neuschwanstein/Schwangau	Castello di Neuschwanstein
Würzburg	La Residenza di Würzburg e il Giardino di Corte

Japanische Ausgaben:

Herrenchiemsee	Schloß Herrenchiemsee
Linderhof	Schloß Linderhof
München	Nymphenburg
Neuschwanstein/Schwangau	Schloß Neuschwanstein
Würzburg	Residenz Würzburg und Hofgarten

Prospekte und Zeitschriften

Prospekt »**Ansbacher Fayencen**«	DM 1,00
Prospekt »**Nymphenburger Porzellan - Sammlung Bäuml**«	DM 1,50
Prospekt »**Residenz Kempten**« (dt., engl.)	DM 2,00
Prospekt »**Schloßpark Linderhof**«	DM 3,00
Prospekt »**Park Schönbusch**«	DM 3,00
Prospekt »**Park Feldafing und Roseninsel**«	DM 3,00
Broschüre »**Staatliche Schlösser und Gärten in Bayern - Besucherinformation 1999**« (deutsch/englisch) – erhältlich gegen Einsendung von DM 5,– in Briefmarken –	DM 3,00

Museumspädagogische Schriften

Schloß Nymphenburg entdecken (1994)	DM 6,00

Bildhefte der Bayerischen Schlösserverwaltung

Heft 1: *Heym, Sabine:* **Das Alte Residenztheater/Cuvilliés-Theater in München** (dt., engl., frz., ital.); München 1995	DM 15,00
Heft 2: *Heym, Sabine:* **Amadis und Oriane - Im Zauberreich der barocken Oper.** Tapisserien im Neuen Schloß Bayreuth, München 1998	DM 9,00

Reihe »Forschungen zur Kunst- und Kulturgeschichte«

Band I: *Sangl, Sigrid:* **Das Bamberger Hofschreinerhandwerk im 18. Jahrhundert;** München 1990 (kartoniert)	DM 30,00
Band II: *Hojer, Gerhard:* **Die Prunkappartements Ludwigs I. im Königsbau der Münchner Residenz;** München 1992 (kartoniert)	DM 35,00
Band III: *Stierhof Horst H.:* »**das biblisch gemäl**«. Die Kapelle im Ottheinrichsbau des Schlosses Neuburg an der Donau; München 1993 (broschiert)	DM 12,00
Band IV: *Störkel, Arno:* **Christian Friedrich Carl Alexander.** Der letzte Markgraf von Ansbach-Bayreuth, 2. Auflage, im Bildteil ergänzt und erweitert; Ansbach 1998 (kartoniert)	DM 38,00
Band V: *Hojer, Gerhard* (Hrsg.): **Bayerische Schlösser - Bewahren und Erforschen;** München 1996 (kartoniert)	DM 48,00
Band VI: *Toussaint, Ingo:* **Lustgärten um Bayreuth.** Eremitage, Sanspareil und Fantaisie in Beschreibungen aus dem 18. und 19. Jahrhundert; Georg Olms Verlag, Hildesheim 1998 (kartoniert)	DM 68,00

Reihe »Baudokumentationen«

o.Nr.: *Land- und Universitätsbauamt Augsburg im Auftrag der Bayerischen Verwaltung der staatlichen Schlösser, Gärten und Seen* (Hrsg.): **Restaurierung Schloß Höchstädt,** Festschrift zur Fertigstellung des I. Bauabschnitts und zur Eröffnung der Fayencenausstellung am 19. Oktober 1995 (broschiert) DM 6,00

o.Nr.: *Landbauamt Rosenheim im Auftrag der Bayerischen Verwaltung der staatlichen Schlösser, Gärten und Seen* (Hrsg.): **Wasserspiele Herrenchiemsee,** Festschrift 1994 (broschiert) DM 15,00

Heft 1: *Staatliches Hochbauamt Weilheim im Auftrag der Bayerischen Verwaltung der staatlichen Schlösser, Gärten und Seen* (Hrsg.): **Das Marokkanische Haus im Schloßpark Linderhof.**
- Band I; Bildheft (broschiert) *ca. DM 15,00*
  Erscheinungstermin: Herbst 1999
- Band II; Dokumentation zur Wiedererrichtung und Restaurierung (broschiert) DM 20,00

Ausstellungskataloge und -Broschüren

Bayerische Verwaltung der staatlichen Schlösser, Gärten und Seen (Hrsg.): **200 Jahre Englischer Garten München 1789–1989;** München 1989 (broschiert) DM 4,00

Bayerische Verwaltung der staatlichen Schlösser, Gärten und Seen (Hrsg.): **Hortus Eystettensis – ein vergessener Garten?;** München 1999 (broschiert) DM 10,00

Krückmann, Peter O. (Bearb.): **Carlo Carlone 1686–1775.** Der Ansbacher Auftrag (kartoniert); Arcos/Landshut 1990 DM 37,00

Krückmann, Peter O. (Hrsg.): **Der Himmel auf Erden – Tiepolo in Würzburg.** Band I Ausstellungskatalog. Band II Aufsätze: Prestel, München/New York 1996 (broschiert) Bd. I: DM 39,00; Bd. II: vergriffen

Krückmann, Peter O.: **Heaven on Earth – Tiepolo – Masterpieces of the Würzburg Years;** Prestel, München/New York 1996 (broschiert) DM 78,00

Krückmann, Peter O.: **Paradies des Rokoko,**
Band I Das Bayreuth der Markgräfin Wilhelmine Bd. I: DM 39,00
Band II Galli Bibiena und der Musenhof der Wilhelmine von Bayreuth/Ausstellungskatalog; Bd. II: DM 39,00
Prestel, München/New York 1998 (Leinen) Bd. I+II: DM 69,00

Schmid, Elmar D. und *Sabine Heym* (Bearb.): **Josef Effner 1687–1745**. Bauten für Kurfürst Max Emanuel; München 1987 (broschiert) DM 2,00

Schmid, Elmar D. (Bearb.): **Friedrich Wilhelm Pfeiffer 1822–1891**. Maler der Reitpferde König Ludwigs II.; Bayerland, Dachau 1988 (kartoniert)| DM 32,00

Schmid, Elmar D. und *Sabine Heym* (Bearb.): **Mathias und Anna Gasteiger.** Aus einem Münchner Künstlerleben um 1900; Bayerland, Dachau 1985 (broschiert) DM 15,00

Schmid, Elmar D.: **Der Krönungswagen Kaiser Karls VII.** Wahl und Krönung in Frankfurt am Main 1742; Bayerland, Dachau 1992 (broschiert) DM 25,00

Schmid, Elmar D.: **König Ludwig II. im Portrait**; Bayerland, Dachau 1996 (Leinen) DM 68,00

Schmid, Elmar D.: **Julius Exter – Unbekannte Werke aus dem Nachlaß seiner Schülerin Olga Fritz-Zetter**; München 1996 (broschiert) DM 10,00

Schmid, Elmar D.: **Julius Exter – Aufbruch in die Moderne**; Klinkhardt & Biermann, München/Berlin 1998 (broschiert) DM 48,00

Stierhof, Horst H.: **»das biblisch gemäl«**. 450 Jahre Schloßkapelle Neuburg an der Donau; München 1993 (broschiert) DM 5,00

Bestandskataloge

Frosien-Leinz, Heike und *Ellen Weski* (Bearb.): **Das Antiquarium der Münchner Residenz,** Katalog der Skulpturen. 2 Bände; Hirmer, München 1987 (Leinen)
– nur im Buchhandel erhältlich –

Helmberger, Werner und *Valentin Kockel* (Bearb.): **Rom über die Alpen tragen**. Fürsten sammeln antike Architektur. Die Aschaffenburger Korkmodelle; Arcos, Landshut 1993 (kartoniert) DM 29,00

Hojer, Gerhard (Hrsg.): **König Ludwig II.-Museum Herrenchiemsee, Katalog;** Hirmer, München 1986 (kartoniert) DM 35,00

Langer, Brigitte: **Die Möbel der Residenz München, Band 1.** Die französischen Möbel des 18. Jahrhunderts, hrsg. von Gerhard Hojer und Hans Ottomeyer; Prestel, München/New York 1995 (broschiert) DM 118,00
(Buchhandelspreis/Leinen: DM 228,00)

Langer, Brigitte und *Alexander Herzog von Württemberg:* **Die Möbel der Residenz München, Band 2.** Die deutschen Möbel des 16. bis 18. Jahrhunderts, hrsg. von Gerhard Hojer und Hans Ottomeyer; Prestel, München/New York 1996 (broschiert) DM 118,00
(Buchhandelspreis/Leinen: DM 228,00)

Langer, Brigitte, Hans Ottomeyer und *Alexander Herzog von Württemberg:* **Die Möbel der Residenz München, Band 3.** Möbel des Empire, Biedermeier und Spätklassizismus, hrsg. von Gerhard Hojer und Hans Ottomeyer; Prestel, München/New York 1997 (broschiert) DM 118,00
(Buchhandelspreis/Leinen: DM 228,00)

Miller, Albrecht (Bearb.): **Bayreuther Fayencen;** Arcos, Landshut 1994 (kartoniert) DM 28,00

Seelig, Lorenz: **Kirchliche Schätze aus bayerischen Schlössern.** Liturgische Gewände und Geräte des 16. bis 19. Jahrhunderts; Deutscher Kunstverlag, Berlin 1984 (broschiert) DM 10,00

Ziffer, Alfred: **Nymphenburger Porzellan.** Die Sammlung Bäuml/ Bäuml Collection; Arnoldsche, Stuttgart 1996 (broschiert) DM 98,00

Weitere Veröffentlichungen

Albert, Jost und Werner Helmberger: **Der Landschaftsgarten Schönbusch bei Aschaffenburg;** Wernersche, Worms 1999 (kartoniert) DM 36,00

Bayerische Verwaltung der staatlichen Schlösser, Gärten und Seen (Hrsg.): **Vierte Festschrift zum Wiederaufbau der Residenz München;** München 1959 (broschiert) DM 5,00

Bayerische Verwaltung der staatlichen Schlösser, Gärten und Seen (Hrsg.): **Journal der Bayerischen Verwaltung der staatlichen Schlösser Gärten und Seen;** München 1995 (broschiert) DM 10,00

Ermischer, Gerhard: **Schloßarchäologie - Funde zu Schloß Johannisburg in Aschaffenburg;** Museen der Stadt Aschaffenburg/Bayerische Schlösserverwaltung, Aschaffenburg 1996 (kartoniert) DM 48,00

Facharbeitskreis Schlösser und Gärten in Deutschland (Hrsg.): **Reisezeit - Zeitreise zu den schönsten Schlössern, Burgen, Gärten, Klöstern und Römerbauten in Deutschland;** Schnell & Steiner, Regensburg 1999 (broschiert) DM 16,80
– auch in englisch und französisch erhältlich –

Focht, Josef: **Die musische Aura der Markgräfin Wilhelmine.** Musikinszenierung in der Kunst des Bayreuther Rokoko; Peda, Passau 1998 (broschiert) DM 17,80

Focht, Josef und *Hans Gurski:* **Das Gloria der Engel im Fürststift Kempten.** Musikdarstellungen in der Basilika St. Lorenz und der Residenz; Peda, Passau 1998 (broschiert) DM 17,80

Heym, Sabine: **Feenreich und Ritterwelt - Die Rosenau als Ort romantisch-literarischen Welterlebens.** Sonderdruck aus »Bayerische Schlösser – Bewahren und Erforschen«; München 1996 (broschiert) DM 4,00

Hojer, Gerhard (Hrsg.): **Der Italienische Bau.** Materialien und Untersuchungen zur Stadtresidenz Landshut; Arcos, Landshut 1994 (kartoniert) DM 38,00

Hojer, Gerhard und *Peter O. Krückmann:* **Neues Schloß Bayreuth, Anton Raphael Mengs: »Königin Semiramis erhält die Nachricht vom Aufstand in Babylon«** (PATRIMONIA 49); Kulturstiftung der Länder und Bayerische Schlösserverwaltung, Berlin/München 1995 (broschiert) DM 20,00

Kunz-Ott, Hannelore und *Andrea Kluge* (Hrsg.): **150 Jahre Feldherrnhalle.** Lebensraum einer Großstadt; Buchendorfer, München 1994 (broschiert) DM 25,00

Kutschbach, Doris: **Tiepolo – Eine Reise um die Welt** (aus der Kinderbuch-Reihe »Abenteuer Kunst«); Prestel, München/New York 1996 (kartoniert) DM 22,80

Langer, Brigitte: **Residenz München, zwei Kommoden des Bernard II Vanrisamburgh** (PATRIMONIA 134); Kulturstiftung der Länder und Bayerische Schlösserverwaltung, Berlin/München 1997 (broschiert) DM 20,00

Lauterbach, Iris, Klaus Endemann und Christoph Luitpold Frommel (Hrsg.): **Die Landshuter Stadtresidenz.** Architektur und Ausstattung; Zentralinstitut für Kunstgeschichte (Band XIV), München 1998 (broschiert) DM 48,00

Misslbeck-Woesler, Maria: **Die Flora des Englischen Gartens, München 1986** (kartoniert) DM 15,00

Nickl, Peter (Hrsg.): **Parkett.** Historische Holzfußböden und zeitgenössische Parkettkultur; Klinkhardt & Biermann, München/Berlin 1995 (Leinen) DM 78,00

Schmid, Elmar D.: **Das Exter-Haus** – Ein Künstlersitz am Chiemsee in Übersee-Feldwies; München 1997 (broschiert) DM 10,00

Schuster, Rainer: **Nymphenburger Porzellan.** Kostbarkeiten aus der Sammlung Bäuml und dem Residenzmuseum München; München 1997 (broschiert) DM 8,00

Schuster, Rainer: **Nymphenburg Porcelain.** Treasures from the Bäuml Collection and the Residence Museum Munich; München 1997 (broschiert) DM 8,00

Stierhof, Horst H. (Bearb.): **Das Walhnhaus.** Der italienische Bau der Stadtresidenz Landshut; Landshut 1994 (broschiert) DM 16,00

Werner, Ferdinand: **Der Hofgarten Veitshöchheim;** Wernersche, Worms 1998 (kartoniert) DM 36,00

Plakate

groß (A 1):

Schlösserland Bayern	DM 7,00
König Ludwig II. (Portrait von Ferdinand Piloty, 1865)	DM 7,00
Nymphenburger Porzellan – Sammlung Bäuml	DM 7,00
Marstallmuseum	DM 7,00
Residenz München	DM 7,00
Schatzkammer der Residenz München	DM 7,00
Schloß Rosenau	DM 7,00
Schloß Ehrenburg Coburg	DM 7,00
Schloß und **Park Schönbusch**	DM 7,00
Bayreuther Fayencen (Sammlung Rummel)	DM 7,00
Landshut: **Burg Trausnitz – Stadtresidenz**	DM 7,00
Residenz Kempten	DM 7,00
»Rom über die Alpen tragen« (Korkmodelle in Schloß Johannisburg)	DM 5,00
Schloßmuseum Neuburg an der Donau	DM 5,00

klein (A 2/A 3)

Korkmodell »**Pantheon**« (Schloß Johannisburg)	DM 5,00
Pompejanum Aschaffenburg	DM 5,00
Neue Residenz Bamberg	DM 5,00
Plan »**Schloßpark Nymphenburg**«	DM 5,00
Ausstellungsplakat »**das biblisch gemäl**« (Schloßkapelle Neuburg)	DM 3,00
Ausstellungsplakat »**von denen schönen Gärten**« (Schloß Fantaisie)	DM 5,00
Ausstellungsplakat »**Hortus Eystettensis**« (Willibaldsburg Eichstätt)	DM 5,00
Ausstellungsplakat »**Alles scheint Natur** …« (Park Schönbusch)	DM 5,00

CD-ROM

Ludwig II. – Ich, der König.
Leben, Schlösser, Musik, Dynastie, Zeitgeschichte DM 79,00
Ludwig II – I, the king.
Life, Castles, Music, Dynasty, Contemporary History DM 79,00

Videos des Bayerischen Rundfunks

- **Nymphenburg, Schloß und Park** (PAL/dt.; NTSC/engl.) DM 39,95
- **Die Kaiserburg in Nürnberg** (PAL/dt.) DM 39,95
- **Die Königsschlösser** (PAL/dt., PAL/engl.; NTSC/engl.) DM 39,95
  Das Video »Die Königsschlösser« gibt es in englischer Sprache in zwei verschiedenen Systemen: im PAL-System (z.B. für Großbritannien und Südafrika) und im NTSC-System (z.B. für USA, Kanada und Japan).
- **»Herr der sieben Länder« – Kurfürst Carl Theodor von Baiern und der Pfalz** (PAL/dt.) DM 29,95

Ausstellungsvideos:

- **»Der Himmel auf Erden«** – Tiepolo in der Würzburger Residenz DM 39,95
- **»Das vergessene Paradies«** – Galli Bibiena und der Musenhof der Wilhelmine von Bayreuth DM 29,95

Preise zzgl. Porto und Verpackung,
Bestellungen bitte an:
Bayerische Verwaltung der
staatlichen Schlösser, Gärten und Seen
Postfach 38 01 20, 80614 München
Tel: 089/17908-165; Fax 089/17908-154

SCHLOSSPARK NYMPHENBURG

1 Ehrenhof mit Fontäne
2 Schloß Nymphenburg mit Museumskasse und -zugang. Schloß- und Gartenverwaltung Nymphenburg
3 Schloßkapelle
4 Museum »Mensch und Natur«
5 Brunnhaus mit historischem Pumpwerk
6 Nymphenburger Porzellanmanufaktur
7 Erwin-von-Kreibich-Museum
8 Marstallmuseum mit Museum Nymphenburger Porzellan
9 Bayerische Verwaltung der staatlichen Schlösser, Gärten und Seen
10 Großes Parterre mit Fontäne
11 Südlicher Kabinettsgarten *
12 Kronprinzengarten mit Pavillon
13 Amalienburg
14 Ehemalige Menagerie *
15 Dörfchen mit Brunnhaus *
16 Plastik des Pan mit Quelle
17 Badenburg
18 Löwental
19 Badenburger See
20 Monopteros
21 Südlicher Durchblick
22 Große Kaskade
23 Mittelkanal
24 Nördlicher Durchblick
25 Pagodenburger See
26 Pagodenburg
27 Pagodenburger Tal mit Kugelweiher
28 Ehemalige Ökonomie (Betriebshof) *
29 Magdalenenklause
30 Historische Pflanzenhäuser
31 Nördlicher Kabinettsgarten *
32 Gärtnerei mit historischem Treibhaus *
33 Durchgang zum Botanischen Garten (geöffnet von April bis September)
34 Aha in der Parkmauer

* nicht zugänglich

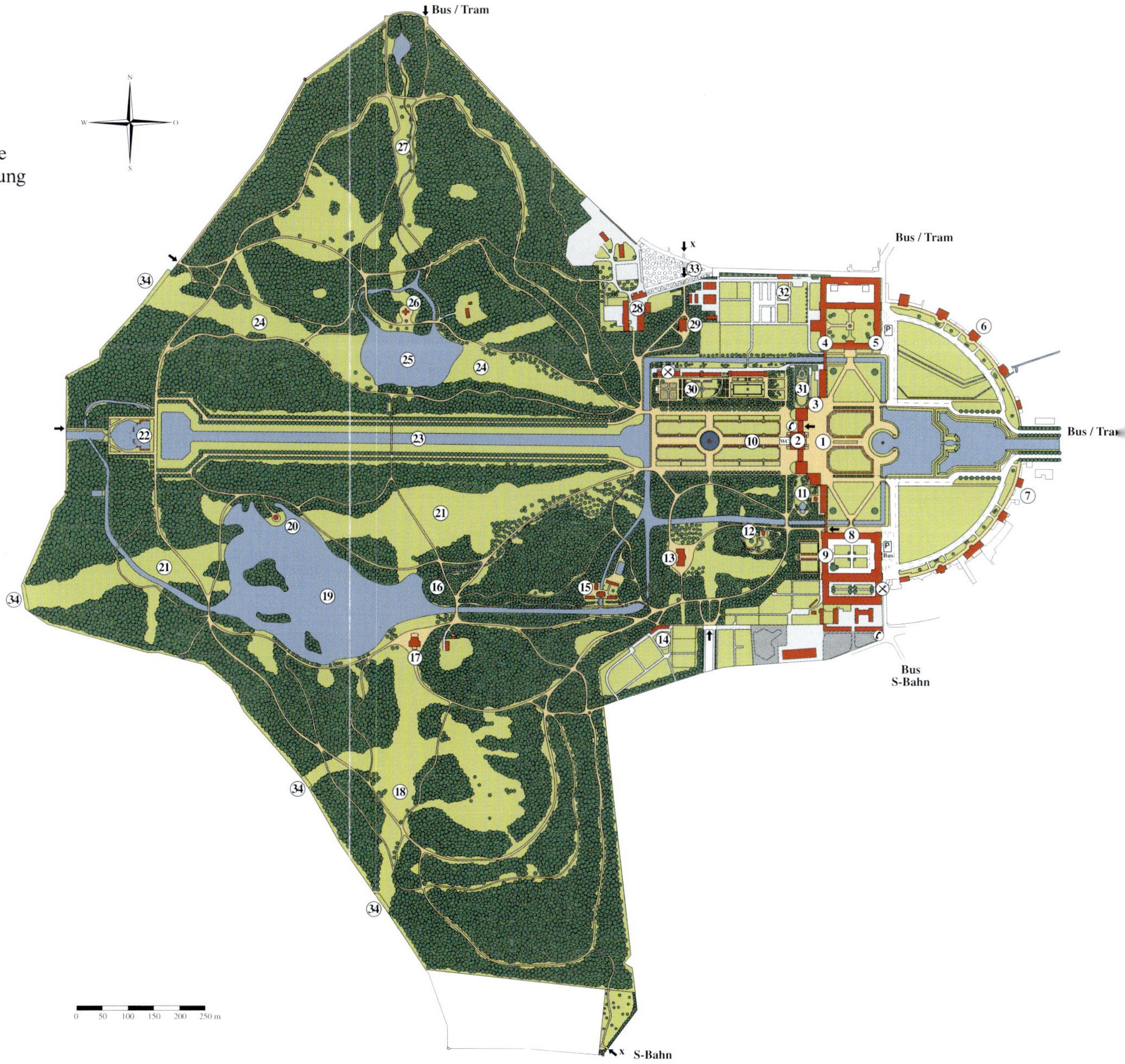